東進

# 共通テスト実戦問題集
# 公共

## 問題編
Question

PUBLIC

東進

# 共通テスト実戦問題集 公共

## 問題編

Question

PUBLIC


東進ハイスクール・東進衛星予備校 講師

執行 康弘

SHIGYO Yasuhiro

# 目次

東進　共通テスト実戦問題集

# 第1回

# 公　民〔公　共〕

（50点　30分）

**注　意　事　項**

1　解答用紙に，正しく記入・マークされていない場合は，採点できないことがあります。特に，解答用紙の**解答科目欄にマークされていない場合又は複数の科目にマークされている場合は，0点**となります。

2　試験中に問題冊子の印刷不鮮明，ページの落丁・乱丁及び解答用紙の汚れ等に気付いた場合は，手を高く挙げて監督者に知らせなさい。

3　解答は，解答用紙の解答欄にマークしなさい。例えば，［10］と表示のある問いに対して③と解答する場合は，次の（例）のように**解答番号10の解答欄の③にマーク**しなさい。

（例）

| 解答番号 | 解　　答　　欄 |
|---|---|
| 10 | ① ② ● ④ ⑤ ⑥ ⑦ ⑧ ⑨ |

4　問題冊子の余白等は適宜利用してよいが，どのページも切り離してはいけません。

5　**不正行為について**

①　不正行為に対しては厳正に対処します。

②　不正行為に見えるような行為が見受けられた場合は，監督者がカードを用いて注意します。

③　不正行為を行った場合は，その時点で受験を取りやめさせ退室させます。

6　試験終了後，問題冊子は持ち帰りなさい。

# 公　　　共

（解答番号 1 ～ 16）

**第1問**　次の生徒Xと生徒Yの会話文を読み，後の問い（**問1～4**）に答えよ。なお，設問の都合上，XとYの各発言には番号を振っている。
（配点　12）

X1：混雑した駅なんかで，たくさんの人たちがそれぞれ違う目的地に向かって<u>ⓐ自由</u>に歩いているのに，大混乱にならないのはどうしてなのかなって思わない？

Y1：みんながそれぞれの目的地に向かうことを最優先に行動しているからじゃないの。人とぶつかりそうになっても，上手くよけることで効率良く目的地に到着できるよね。

X2：全員がそれぞれの利益を最優先していることは間違いないよね。それは，個人の利益の総和としての集団の利益という考え方につながると思うけれど，僕は，各自が公共の利益を目指すことで共同体は真に自由で平等になると主張した思想家の考え方を正しいと思っているんだ。

Y2：なるほど。だとすると，そう主張した思想家が理想とした社会は，今の私たちの社会とはかなり違ったものになりそうだね。私たちの社会では，例えば<u>ⓑ環境問題</u>のような全員に共通の課題ですら議論は個人の利益から出発している気がする。

X3：だから，僕みたいな健康な<u>ⓒ若者</u>には見えていないだけで，雑踏を歩くことが難しい人々は，そもそも雑踏から排除されてしまっているのではないかと思ったんだ。

**問1**　生徒Xと生徒Yの会話文について，次の**ア**～**エ**の考えのうち，Y2の発言にある「そう主張した思想家」の考えとして最も適当なものを，後の①～④のうちから一つ選べ。 1

**ア**　人間は，社会組織や権力機構などが存在しない限り，互いに争い合う性質を持っている。したがって，自らの生存のために国家を形成し，これに自然権を譲渡する，という考え

**イ**　人間は，本来共同体の一員として生きていく存在である。共同体で生活を営むにあたり，最も重視すべき価値は正義と友愛である，という考え

**ウ**　人間は，本来自由で平等な存在だが，財産という概念によって支配や服従が生じた。自由で平等な共同体を実現するため，人々が主権者となり直接政治に参加する国家をつくるべきだ，という考え

**エ**　人間は，所有をめぐる争いを解決するため，国家を必要としている。しかし，国家が権力を濫用し人々の権利を侵害する場合には，人々は国家を解体し新たな国家を建設すべきだ，という考え

①　**ア**　②　**イ**　③　**ウ**　④　**エ**

**問2**　下線部ⓐに関して，生徒Xは，日本国憲法下で保障されている自由について分類し，日常生活の中の実例とともに考えてみたいと思った。

後の自由権の分類**A**～**C**のうち，**B**と**C**によって保障されていると考えられる実例を**ア**～**エ**のうちからそれぞれ選び，その組合せとして最も適当なものを，後の ① ～ ⑥ のうちから一つ選べ。 2

**実例**

> **ア**　この間見た映画で，無実の罪で逮捕された主人公が，取り調べに対して一貫して黙秘を続けていた。
>
> **イ**　18歳の誕生日を迎えた友だちが，初めて国政選挙で投票をしてきた。
>
> **ウ**　大学を卒業したら，どのような分野のどのような企業に就職しようか，今から考えている。
>
> **エ**　LGBTへの理解を深める活動に賛同し，近所で行われたパレードに参加してきた。

**A**　精神の自由

**B**　経済活動の自由

**C**　人身の自由

① **B**－**ア**　**C**－**ウ**

② **B**－**ア**　**C**－**エ**

③ **B**－**イ**　**C**－**エ**

④ **B**－**ウ**　**C**－**ア**

⑤ **B**－**ウ**　**C**－**イ**

⑥ **B**－**エ**　**C**－**イ**

**問3**　下線部ⓑに関して，生徒Xと生徒Yの学校では課外活動で環境問題をテーマとした2回にわたる週末のイベントを企画することになった。次の**イベント企画案**は，学校の教室を利用して，各回一つずつのテーマを取り上げるものである。

**イベント企画案**中の［ア］・［イ］に当てはまるテーマの組合せとして最も適当なものを，後の①～④のうちから一つ選べ。

［3］

**イベント企画案**

| テーマ | イベント概要 |
| --- | --- |
| 第1回<br>［ア］<br>と<br>3R | 現在，日本では年間4,095万トンの一般廃棄物が排出されている（2022年度）。一人一日当たりおよそ890グラムのごみを排出している計算になる。リサイクル率は横ばいとなっており，ごみの最終処分場の残余容量は年々減少している。廃棄されるものを，社会全体で資源として利活用するシステムを構築できないか，外国の事例などを参考に考えてもらう。 |
| 第2回<br>［イ］<br>と<br>地球温暖化 | 地球温暖化により，地球の各地で異常気象が頻発し，災害を引き起こしているだけでなく，農作物の不作といった問題も深刻化している。人類がこの先も地球で暮らしていくために，地球温暖化の問題についてその解決をこれ以上先送りしてはならない。IPCC（気候変動に関する政府間パネル）の報告書を紹介し，将来のために今できることを一緒に考えたい。 |

| | ① | ② | ③ | ④ |
|---|---|---|---|---|
| ア | マイクロプラスチック | 循環型社会 | 海洋汚染 | 京都メカニズム |
| イ | 砂漠化 | 世代間倫理 | オゾンホール | 生物多様性 |

**問４** 下線部ⓒに関して，青年期に関する記述として最も適当なものを，次の①～④のうちから一つ選べ。 [ 4 ]

① 児童期には自分の未熟な面に目が向き，劣等感を抱くことがあるが，青年期に入ると劣等感は直ちに克服される。

② 中世や近世と比べ，現代では青年期にあたる期間が短くなっているといわれている。

③ エリクソンは人の一生を８つの段階に分け，そのうちの青年期の発達課題をアイデンティティの確立とした。

④ 社会の権威や価値観と対立する考えを持ちやすい青年期の一時期のことを，フロイトは「第一反抗期」と呼んだ。

**第2問** 生徒たちは，「公共」の授業で貿易について学習している。これに関して，次の問い（**問1～4**）に答えよ。（配点 12）

**問1** 先生は授業の中で，現在の自由貿易体制に至る経緯を説明した。その際，次の**先生がまとめた内容**中の波線部についてさらに深く考察できるようにするために，自由貿易体制の背景について考えられることを，後の**図**のように整理して説明した。この**図**には，**先生がまとめた内容**から読み取れる具体的なこと（事実），そのことからいえること（主張），そういえる理由となること（理由付け）が分けて示してある。

次の**先生がまとめた内容**及び後の**図**中の［ア］～［エ］に当てはまる語句の組合せとして最も適当なものを，後の①～④のうちから一つ選べ。［5］

**先生がまとめた内容**

世界恐慌により世界経済は縮小し，植民地を持つ国々は自国と植民地を中心に排他的な貿易を行い，［ア］が形成されました。こうしたことを背景に国家間の対立が深まり，第二次世界大戦に至ります。

この反省から，戦後には関税及び貿易に関する一般協定（GATT）による自由貿易体制が整えられ，ⓐある国に対し関税の引き下げを行った場合，他の加盟国にも同様の措置を行うことや，ⓑ輸入品に国内品よりも高い税率をかけないなどのルールを設けました。

しかし，GATTを継承し発足した世界貿易機関（WTO）では交渉が難航し，近年では，特定の国や地域間で貿易に加え人の移動や投資などについて幅広く自由化を図る［イ］が盛んに結ばれています。この流れが再び［ア］を生むとの懸念もあることから，国際社会が自由貿易を促進させることの意味について，今一度考えるべきではないかと思います。

図

（事実） 不況をきっかけに ア が形成され，貿易の流れが滞り国家間の対立が起きた。

（主張） 自由貿易の追求が国際の平和に資するような国際貿易体制を構築すべきである。

（理由付け） GATTの「無差別」の原則をなす下線部ⓐの ウ や，下線部ⓑの エ は，非関税障壁の緩和などとともに貿易の流れを阻害する要因を減らし，貿易の拡大により世界経済の発展を目指すものである。

（注） ➡ は「～だから」，「したがって」という意味 ⬆ は「なぜなら～」という意味

| | ア | イ | ウ | エ |
|---|---|---|---|---|
| ① | 共同市場 | FTA | 最恵国待遇 | 内国民待遇 |
| ② | 共同市場 | FTA | 内国民待遇 | 最恵国待遇 |
| ③ | ブロック経済 | EPA | 内国民待遇 | 最恵国待遇 |
| ④ | ブロック経済 | EPA | 最恵国待遇 | 内国民待遇 |

**問2** 先生の説明を聞いた生徒Xは，外国為替相場の変動について生徒Yと話し合った。次の会話文中の ア ～ ウ に当てはまるものの組合せとして最も適当なものを，後の ①～⑧ のうちから一つ選べ。 6

X：ここのところ，円安が進んでいるよね。貿易という観点で見ると，輸出を中心とする日本企業の業績は ア なるはずだ。

Y：観光産業にとっては，外国からの観光客が増えるという利点があるよね。しかし，極端な円安や円高の場合には政府の介入もある。

X：そうだね。確か2022年には，1ドルが151円を超えたところで財務省が イ の介入を行い，いったんは1ドル144円台に落ち着いたのだった。

Y：外国為替相場の動向に影響を及ぼす政策としては，金利も考えられるよね。日本の金利が相対的に外国の金利よりも高くなった場合， ウ が進みやすい。

| | ア | イ | ウ |
|---|---|---|---|
| ① | 良く | 円売り・ドル買い | 円高 |
| ② | 良く | 円売り・ドル買い | 円安 |
| ③ | 良く | 円買い・ドル売り | 円高 |
| ④ | 良く | 円買い・ドル売り | 円安 |
| ⑤ | 悪く | 円売り・ドル買い | 円高 |
| ⑥ | 悪く | 円売り・ドル買い | 円安 |
| ⑦ | 悪く | 円買い・ドル売り | 円高 |
| ⑧ | 悪く | 円買い・ドル売り | 円安 |

**問３**　規模の大きな経済統合が進んでいることに興味を持った生徒Ｘは，日本を含め多くの国が複数の統合に重複して参加していることに気がついた。そこで，次の**図**を作成し，経済統合を整理することにした。**図**中の**Ａ**と**Ｂ**はそれぞれ近年発効した協定である。

各協定に関する後の**ア**～**エ**の記述を，**Ａ**と**Ｂ**いずれかの協定に分類する時，その分類した結果の組合せとして最も適当なものを，後の①～⑥のうちから一つ選べ。　**７**

**図**　アジア地域を中心とした経済統合

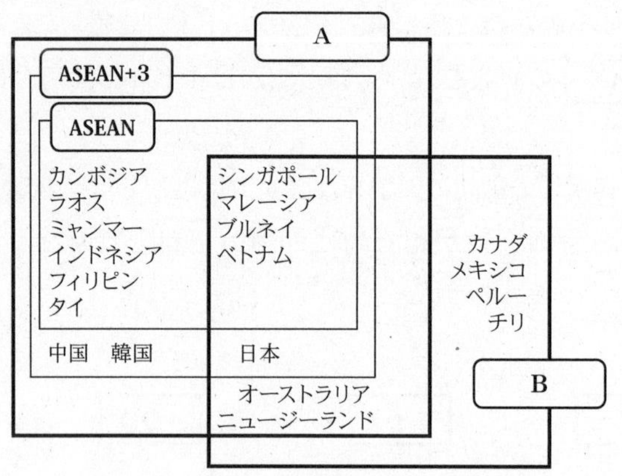


**ア**　BRICS のうちの１カ国が参加している。

**イ**　USMCA のうちの２カ国が参加している。

**ウ**　協定を締結後にアメリカが離脱した。

**エ**　日本の貿易総額のおよそ半分を占める。

① **Ａ** ― **ア**と**イ**　　**Ｂ** ― **ウ**と**エ**

② **Ａ** ― **ア**と**ウ**　　**Ｂ** ― **イ**と**エ**

③ **Ａ** ― **ア**と**エ**　　**Ｂ** ― **イ**と**ウ**

④ **Ａ** ― **イ**と**ウ**　　**Ｂ** ― **ア**と**エ**

⑤ A ― イとエ　B ― アとウ
⑥ A ― ウとエ　B ― アとイ

**問4** 生徒Xは，貿易の学習を通じて，先進国と新興国，発展途上国のグループ間に様々な対立や協力，格差などが存在していることに興味を持ち，クラスで発表を行った。次の**ノート**は，生徒Xが発表の中で取り上げた事例であり，後の**生徒たちがあげた事例**は生徒Xの発表を参考に生徒たちが各グループ間の関係について考えたものである。

**生徒たちがあげた事例ア～エ**のうち，**ノート**にある事例と同様のグループ間の関係に分類されるものの組合せとして最も適当なものを，後の①～⑨のうちから一つ選べ。 8

**ノート**　生徒Xが発表の中で取り上げた事例

> 温室効果ガス排出量の削減義務をめぐり，京都議定書の発効は難航した。先進国からは，温室効果ガスの排出量が増えつつある発展途上国も削減義務を負うべきだとの声があがり，発展途上国からはこれまで温室効果ガスを排出してきた先進国こそ削減義務を負っているとの主張がなされた。

**生徒たちがあげた事例**

**ア**　政府開発援助（ODA）が行われている。

**イ**　近年工業化が進んだ新興国と，モノカルチャー経済に依存した国々の間に格差が見られる。

**ウ**　天然資源に対する恒久主権を訴える国々があらわれ，資源ナショナリズムが盛り上がりを見せた。

**エ**　水平貿易が行われている。

| | | |
|---|---|---|
| ① アとイとウ | ② アとイとエ | ③ アとウとエ |
| ④ アとイ | ⑤ アとウ | ⑥ アとエ |
| ⑦ イとウ | ⑧ イとエ | ⑨ ウとエ |

## 第3問 政治とそれに対する私たちのあり方について，次の問い（問1～4）に答えよ。なお，設問の都合上，問1の生徒Xと生徒Yの各発言には番号を振っている。（配点 13）

**問1** 次の生徒Xと生徒Yの会話文を読み，Y1～Y4のうち，客観的な事実から一般的な法則を導く考え方Aと，疑い得ない真理をもとに個々の事例を判別する考え方Bとに分けた時，考え方Bに当てはまるものの組合せとして最も適当なものを，後の①～⑥のうちから一つ選べ。 9

X1：このところ，選挙の投票率の低さが問題になっているね。

Y1：確かに，アメリカやイギリス，フランスでも若年層で低投票率になっているから，世界的に若年層の選挙離れが進んでいるのかも。

X2：政治に無関心な人が増えたのかな。

Y2：それは必ずしもそうではないと思うな。僕の家族は必ず投票に行くし，先生も投票したと話していた。自分も選挙権を持ったら絶対に投票する。それに，僕らだって現にこうして政治の話をしているんだ。世の中の多くの人は政治に関心を持っているはずだよ。

X3：でも，無党派層が増えたことは事実だよね。

Y3：そうなんだよ。世論調査では無党派層が一番多い。投票所に足を運ぶ人の多くが，政党を基準に投票していないということだね。

X4：むしろ，無党派層の多くが選挙に行っていないように思うけどね。

Y4：無党派層の投票率が低いということか。若年層の選挙離れが進んでいるということと合わせて考えると，無党派層には若者が多いといえるのではないかな。

① Y1とY2　② Y2とY3　③ Y3とY4
④ Y1とY3　⑤ Y1とY4　⑥ Y2とY4

**問２**　結果や効果から行為が正しいかどうかを判断することを帰結主義といい，行為の動機が公正であるかによってその行為が正しいかどうかを判断することを義務論という。ある自治体で，地域経済の振興策として地元の飲食店で使える電子クーポンを配布する案が持ち上がった。これについて住民から寄せられた次の意見**ア**～**ウ**から，義務論に当てはまる考え方をすべて選んだ時，その組合せとして最も適当なものを，後の①～⑧のうちから一つ選べ。 10

**ア**　地域経済の振興策として電子クーポンを配布するなら，より高い経済効果を得られた方がよいから，住民だけでなく観光で地域を訪れた人にもクーポンを配布するべきだ。

**イ**　電子クーポンを飲食店でしか使うことができないというのは不公平なので，飲食店に限らず地元の商店街のすべての店舗で使えるようにした方がよいのではないか。

**ウ**　電子クーポンの場合，スマートフォンを持たない住民が利用できないおそれがあるので，この自治体の住民なら誰でも利用できるよう，電子クーポンではなく紙のクーポンにするべきだ。

① **ア**と**イ**と**ウ**　② **ア**と**イ**　③ **ア**と**ウ**
④ **イ**と**ウ**　⑤ **ア**　⑥ **イ**
⑦ **ウ**　⑧ 当てはまる事例はない

**問3**　日本国憲法によると，国会は唯一の立法機関である。次の**グラフ**は近年の法律案の提出件数と成立率を表し，後の**図**は，近年の立法をめぐる問題を示したものである。**グラフ**中の［ア］・［イ］と，**図**中の［A］～［C］のうち，［ア］・［A］・［C］に当てはまる正しい語句の組合せとして最も適当なものを，後の①～⑧のうちから一つ選べ。［11］

**グラフ**　近年の法律案の提出件数と成立率

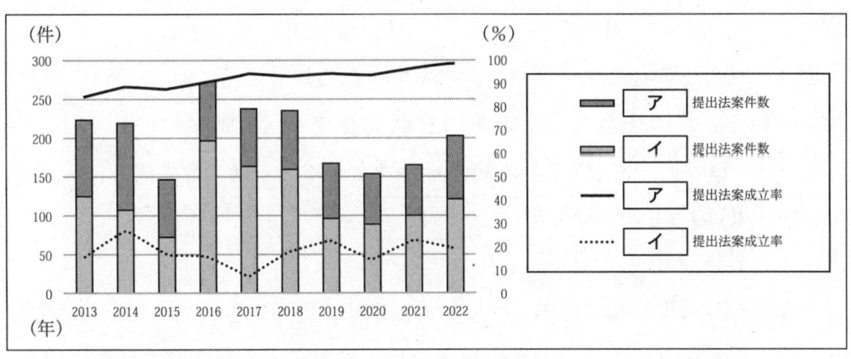


（出所）内閣法制局 Web ページにより作成。

**図**　近年の立法をめぐる問題

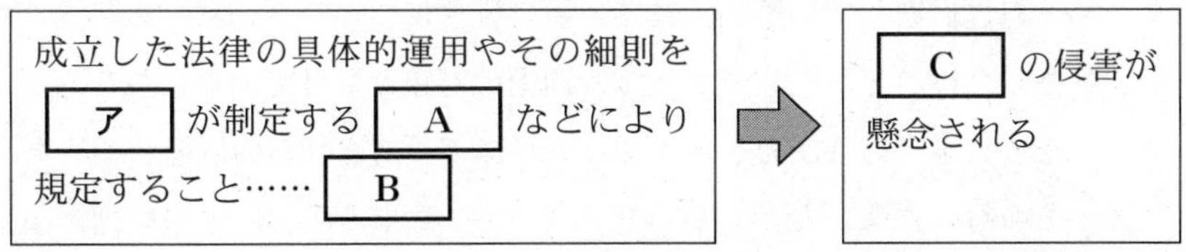

① ア－議員　A－条例　C－内閣の行政権
② ア－議員　A－条例　C－国会の立法権
③ ア－議員　A－政令　C－内閣の行政権
④ ア－議員　A－政令　C－国会の立法権
⑤ ア－内閣　A－条例　C－内閣の行政権
⑥ ア－内閣　A－条例　C－国会の立法権
⑦ ア－内閣　A－政令　C－内閣の行政権
⑧ ア－内閣　A－政令　C－国会の立法権

**問４**　私たちの社会生活は，行動の基準となる社会規範によって形作られている。次の生徒Ｘと生徒Ｙの会話文を読み，会話文中の［A］～［D］に当てはまる語句の組合せとして最も適当なものを，後の①～⑧のうちから一つ選べ。［12］

Ｘ：シンガポールではチューインガムが法律で禁止されていると初めて知ったのだけど，それだけじゃないんだ。電車やバスでの飲食に罰金，公園で鳥にエサをやっても罰金，雨上がりに自宅の鉢植えに水が溜まっているのが見つかっても罰金。虫がわくのを防ぐためだそうだ。

Ｙ：それは徹底しているね。社会規範の概念について「公共」の時間に勉強したけれど，シンガポールで罰則の対象となっているこれらのことを，日本でも強制力を伴う法という形で浸透させるのは難しそうだね。

Ｘ：そうなんだよ。だから驚いたんだ。J.S. ミルの他者危害の原則によると，法が個人の自由を制限できる場合というのは限られていて，それは他者に明らかな危害を及ぼす時だとされているよ。

Ｙ：つまり，ミルの他者危害の原則を当てはめるなら，ガムによって明らかに不利益を被るケースがあると考えるから，シンガポールではガムについて［A］として規定があるんだね。

X：B などと違って，守らない場合には制裁が行われるので，危害に対する考え方の基準が僕らとは違うのだろうね。

Y：中学生の頃，夜更かししてはいけないとか，子どもだけで遠くの街に遊びに行ってはダメとか，親から行動を制限されていたことを思い出した。親子の間でも，危害に対する考え方の基準が違うよね。

X：どちらかというと，それは C に近い考え方ではないかな。弱者を保護するためには，本人の自由が制限されたとしても仕方ないという考え方だよ。僕はどちらかというと，シンガポールで実際に施行されている様々なルールについて， D の観点から考えてみたいと思った。例えば，日本社会では，鳥にエサをあげたいと思った人の自由や権利と，それを快く思わない人の自由や権利は衝突してしまうよね。これを， D の観点からどのように調整すればよいのかということに興味がわいたんだ。

| | A | B | C | D |
|---|---|---|---|---|
| ① | 刑法 | 慣習 | パターナリズム | 公共の福祉 |
| ② | 刑法 | 慣習 | 公共の福祉 | パターナリズム |
| ③ | 刑法 | 民法 | パターナリズム | 公共の福祉 |
| ④ | 刑法 | 民法 | 公共の福祉 | パターナリズム |
| ⑤ | 私法 | 慣習 | パターナリズム | 公共の福祉 |
| ⑥ | 私法 | 慣習 | 公共の福祉 | パターナリズム |
| ⑦ | 私法 | 民法 | パターナリズム | 公共の福祉 |
| ⑧ | 私法 | 民法 | 公共の福祉 | パターナリズム |

## 第４問 「公共」の授業で，生徒Ｘたちのクラスでは国際社会が抱える諸問題という課題を設定し，探究活動を行った。これに関して，後の問い（**問１**〜４）に答えよ。（配点　13）

**問１**　生徒Ｘたちは，国際連合憲章に定めのある主権平等の原則に興味を持ち，調べることにした。**次の生徒Ｘたちのメモ**中の［ A ］・［ B ］に当てはまるものの組合せとして最も適当なものを，後の①〜⑥のうちから一つ選べ。［ 13 ］

**生徒Ｘたちのメモ**

> 総会や理事会などにおいて全会一致の原則をとった国際連盟が機能不全に陥った反省から，国際連合において表決は多数決とすることになった。国連憲章第２条１項は，主権平等の原則を定めている。すべての加盟国はその国土や人口，経済などの規模によらず平等な権限を有するとする原則である。
>
> 国連の六つの主要機関のうち，［ A ］はこの原則に則り表決が行われる組織だが，国連の中には［ B ］のようにこの原則の例外となっている組織も存在する。
>
> この他，国連において主権平等の原則の例外となっているのが，分担金である。分担金は，加盟国の国民総所得（GNI）に応じて額が決まり，３年ごとに見直される。

① A ― 安全保障理事会　　B ― 総会
② A ― 安全保障理事会　　B ― 国際刑事裁判所
③ A ― 総会　　B ― 安全保障理事会
④ A ― 総会　　B ― 国際刑事裁判所
⑤ A ― 国際刑事裁判所　　B ― 総会
⑥ A ― 国際刑事裁判所　　B ― 安全保障理事会

**問2**　生徒Xたちは，世界で発生している難民について，次の**表**を示してクラスで説明を行った。すると，後の**ア**～**エ**のような意見があがった。**ア**～**エ**のうち**表**を正しく読み取った上での意見の組合せとして最も適当なものを，後の①～⑥のうちから一つ選べ。 **14**

**表**　難民の発生国と受入国（2021年，人）

| 発生国 | 難民数 | % | 発生国 | 国内避難民数※ | % | 受入国 | 難民数 | % |
|---|---|---|---|---|---|---|---|---|
| シリア | 6,848,845 | 32.1 | シリア | 6,865,308 | 13.4 | トルコ | 3,759,817 | 17.6 |
| アフガニスタン | 2,712,858 | 12.7 | コロンビア | 6,766,002 | 13.2 | ウガンダ | 1,529,903 | 7.2 |
| 南スーダン | 2,362,759 | 11.1 | コンゴ民主 | 5,407,840 | 10.5 | パキスタン | 1,491,070 | 7.0 |
| ミャンマー | 1,177,029 | 5.5 | イエメン | 4,288,739 | 8.4 | ドイツ | 1,255,694 | 5.9 |
| コンゴ民主 | 908,401 | 4.3 | エチオピア | 3,646,267 | 7.1 | スーダン | 1,103,918 | 5.2 |
| スーダン | 825,290 | 3.9 | アフガニスタン | 3,457,744 | 6.7 | バングラデシュ | 918,907 | 4.3 |
| ソマリア | 776,678 | 3.6 | ナイジェリア | 3,084,916 | 6.0 | レバノン | 845,865 | 4.0 |
| 中央アフリカ | 737,658 | 3.5 | スーダン | 3,036,590 | 5.9 | エチオピア | 821,283 | 3.9 |
| エリトリア | 511,911 | 2.4 | ソマリア | 2,967,500 | 5.8 | イラン | 798,343 | 3.7 |
| ナイジェリア | 383,660 | 1.8 | 南スーダン | 2,017,236 | 3.9 | ヨルダン | 712,823 | 3.3 |
| イラク | 343,898 | 1.6 | ブルキナファソ | 1,579,976 | 3.1 | チャド | 555,782 | 2.6 |
| ブルンジ | 323,635 | 1.5 | イラク | 1,186,556 | 2.3 | コンゴ民主 | 524,148 | 2.5 |
| ベトナム | 317,737 | 1.5 | カメルーン | 933,138 | 1.8 | フランス | 499,914 | 2.3 |
| ルワンダ | 248,219 | 1.2 | ウクライナ | 854,000 | 1.7 | ケニア | 481,048 | 2.3 |
| **世界計** | 21,326,917 | 100.0 | **世界計** | 51,322,623 | 100.0 | **世界計** | 21,326,917 | 100.0 |

（注）※国境を越えなかった避難民のことで，UNHCRによって保護・援助されている難民数

（出所）「2023データブック・オブ・ザ・ワールド」により作成。

**ア**　自国を出て外国で避難生活を送る人の方が国内避難民よりも多いので，難民発生国の治安の回復が最優先されるべきである。

**イ**　難民の発生国ではほぼ同数の国内避難民も発生していることから，国外へ逃れる難民の発生と国内避難民の発生には強い相関関係がある。

**ウ**　国内避難民の方が国外で避難生活を送る人よりも多いので，国内避難民の生活再建を支援する方策について調べたい。

**エ**　受入国の中には自国において国内避難民を抱える国もあることから，いずれの難民にも支援が届くような援助体制を構築すべきだ。

① アとイ　② アとウ　③ アとエ
④ イとウ　⑤ イとエ　⑥ ウとエ

**問３**　次に生徒Ｘたちは，2030 年の期限に向けて取り組みが行われている「持続可能な開発目標（SDGs）」について，日本の取り組み状況を調べてまとめた。次の**生徒たちのまとめ**中の［Ａ］～［Ｃ］に入る語句の組合せとして最も適当なものを，後の①～⑧のうちから一つ選べ。［15］

**生徒たちのまとめ**

**表**　SDGs のグローバル目標

| | | | |
|---|---|---|---|
| 目標１ | 貧困をなくそう | 目標 10 | 人や国の不平等をなくそう |
| 目標２ | 飢餓をゼロに | 目標 11 | 住み続けられるまちづくりを |
| 目標３ | すべての人に健康と福祉を | 目標 12 | つくる責任つかう責任 |
| 目標４ | 質の高い教育をみんなに | 目標 13 | 気候変動に具体的な対策を |
| 目標５ | ジェンダー平等を実現しよう | 目標 14 | 海の豊かさを守ろう |
| 目標６ | 安全な水とトイレを世界中に | 目標 15 | 陸の豊かさも守ろう |
| 目標７ | エネルギーをみんなにそしてクリーンに | 目標 16 | 平和と公正をすべての人に |
| 目標８ | 働きがいも経済成長も | 目標 17 | パートナーシップで目標を達成しよう |
| 目標９ | 産業と技術革新の基盤をつくろう | | |

外務省 Web ページにより作成。

2023 年に国際的な調査機関が発表した報告書によると，日本の SDGs

達成度は79.4ポイントで，166カ国中21位でした。2019年には15位だったので，大きく順位を下げたことになります。
　2023年の報告では，男女の賃金格差や［ A ］などを理由に，目標5について「深刻な課題がある」と判定されました。また，電子機器の廃棄量が多いことやプラスチックごみを大量に輸出している点で，［ B ］についても「深刻な課題がある」と判定されています。一方，前回調査で「深刻な課題がある」と判定されていた目標17については，［ C ］が上昇したことにより，1段階上の「重要な課題がある」に評価が改善しました。

［ A ］に入る語句

**ア**　大学に進学する女子の割合の低さ
**イ**　国会における女性議員の割合の低さ

［ B ］に入る語句

**ウ**　目標12
**エ**　目標9

［ C ］に入る語句

**オ**　政府開発援助（ODA）の対国民総所得（GNI）比
**カ**　知的財産の外国への無償譲渡の件数

① A－ア　B－ウ　C－オ
② A－ア　B－ウ　C－カ
③ A－ア　B－エ　C－オ
④ A－ア　B－エ　C－カ
⑤ A－イ　B－ウ　C－オ

⑥ A－イ　B－ウ　C－カ
⑦ A－イ　B－エ　C－オ
⑧ A－イ　B－エ　C－カ

**問４**　生徒Xたちは，クラスでの最終発表に向け，現在の国際社会が直面する問題と，それに対する自分たちの姿勢について話し合っている。次の会話文中の［A］～［C］に当てはまる文の組合せとして最も適当なものを，後の①～⑧のうちから一つ選べ。［16］

X：世界では，軍事衝突によって犠牲になる人や，生活を奪われる人がたくさんいるよね。特に，ロシアのウクライナ侵攻を目の当たりにして，核保有国が武力を行使することの意味を世界の人々は考えざるを得なくなったのではないかな。

Y：改めて核兵器の脅威を実感する出来事だよね。核兵器に関しては，［A］という考え方があるけれど，これについてはどう思う？

X：それは，恐怖の均衡と同じ原理だよね。核兵器を使った攻撃や反撃が可能な状況では，甚大な被害が予想されるから，核の使用が抑制されるということだよ。

Y：［B］も実現しているけれど，条約に参加しない限り効力を発しないところに限界があるね。日本も参加していないし。利害関係があるのはわかるけれど，核の脅威という点ではすべての国が一致した行動をとるべきだと思わない？　だから，EUのように地域として一体化を推進しようとする動きが広がるといいなと思う。

X：でも，一体化を推進しようとする動きがある一方で，ポピュリズムの台頭も問題化しているよ。

Y：確かに，［C］ことが懸念されているね。それぞれの社会が安定していることが，他国との軋轢（あつれき）を生まないために必要なことだと思う。

A に入る文

ア　核兵器の保有によって，もし他国が攻撃してきても核を使って反撃する姿勢を見せることで，他国からの攻撃を防ぐことができる

イ　特定の地域内での核の製造や保有を禁止し，地域外の国がその地域に核を配備することも禁止する

B に入る文

ウ　核兵器の開発，保有，実験，使用，威嚇などのすべてを禁止する条約

エ　核兵器の非保有国が新たに核兵器を持つことを禁じた条約

C に入る文

オ　アフガニスタンやイラクへの攻撃を行った時のアメリカのように，一方的な外交姿勢をとる

カ　経済格差などを背景とした社会の不満を極端に単純化し，情緒や感情に訴え，社会の分断を招く

① A－ア　B－ウ　C－オ
② A－ア　B－ウ　C－カ
③ A－ア　B－エ　C－オ
④ A－ア　B－エ　C－カ
⑤ A－イ　B－ウ　C－オ
⑥ A－イ　B－ウ　C－カ
⑦ A－イ　B－エ　C－オ
⑧ A－イ　B－エ　C－カ

東進　共通テスト実戦問題集

# 第2回

# 公　　民〔公　　共〕

（50点 30分）

**注　意　事　項**

1　解答用紙に，正しく記入・マークされていない場合は，採点できないことがあります。特に，解答用紙の**解答科目欄にマークされていない場合又は複数の科目にマークされている場合は，0点**となります。

2　試験中に問題冊子の印刷不鮮明，ページの落丁・乱丁及び解答用紙の汚れ等に気付いた場合は，手を高く挙げて監督者に知らせなさい。

3　解答は，解答用紙の解答欄にマークしなさい。例えば，[10] と表示のある問いに対して③と解答する場合は，次の（例）のように**解答番号10の解答欄の③にマーク**しなさい。

（例）

| 解答番号 | 解　答　欄 |
|---|---|
| 10 | ① ② ● ④ ⑤ ⑥ ⑦ ⑧ ⑨ |

4　問題冊子の余白等は適宜利用してよいが，どのページも切り離してはいけません。

5　**不正行為について**

①　不正行為に対しては厳正に対処します。

②　不正行為に見えるような行為が見受けられた場合は，監督者がカードを用いて注意します。

③　不正行為を行った場合は，その時点で受験を取りやめさせ退室させます。

6　試験終了後，問題冊子は持ち帰りなさい。

# 公　共

（解答番号 1 ～ 16 ）

**第１問**　次の生徒Ｘと生徒Ｙの会話文を読み，後の問い（**問１～４**）に答えよ。なお，設問の都合上，ＸとＹの各発言には番号を振っている。

（配点　12）

X1：新型コロナウイルス感染症によって，世界は変わったと思う？

Y1：僕はあまり変化を感じないな。最近では，感染を防ぐための対策は個人に委ねられているし。ただし，ⓐ第二次世界大戦後の日本経済にとってはとてもインパクトの大きな出来事になったと思う。

X2：経済というテーマであれば，感染症の流行は外部性という観点で考えることもできるよね。例えば，利己的な人は，自分の感染リスクだけを考えて，他人に感染させるリスクをあまり考えない行動をとるかもしれない。これには負の外部性があるよね。

Y2：負の外部性っていうのは，外部不経済のことだよね？　ということは，逆の外部性についても考えることができそうだ。感染症対策の強化によって，ぜんそくの人の症状が改善したと聞いたことがあるよ。

X3：風邪でぜんそく症状が出る人は多いもんね。ⓑ市民生活上の制限をいつまでも継続するわけにはいかないけれど，感染症に対して脆弱な人も大勢いることをふまえると，一定の対策やマナーがあって初めて経済は回るのかもしれないよ。例えば，持病のある人は以前よりも外に出かける機会が減ったケースも多いと聞くし。

Y3：僕はどうしても制限のないⓒ自由な生活について考えてしまって，そういう視点で考えたことはなかったな。感染症との付き合い方には，社会全体として新しい工夫が必要なのかもしれないね。

**問1**　生徒Xと生徒Yの会話文について，次の**ア**～**エ**の記述のうち，Y2の発言にある「逆の外部性」として最も適切なものを，後の①～④のうちから一つ選べ。 1

**ア**　買い手が中古車の状態をよく知らないために，中古車市場において，値段が高くて品質の良い中古車が売れ残り，値段が安くて品質の悪い中古車が多く取引される結果となる。

**イ**　汚染者負担の原則（PPPの原則）により企業には公害を防止する義務があるため，故意や過失の有無にかかわらず，損害が発生した場合には賠償の責任を負う。

**ウ**　高度経済成長期の日本では，沿線で不動産やレジャー施設など多角的な事業を展開した鉄道会社が，これにより得られた地価の上昇や周辺人口の増加などの経済効果を取り込んで成長をとげた。

**エ**　1999年に制定された食料・農業・農村基本法に謳われている農業の多面的機能とは，農業活動が農産物の生産だけでなく土砂災害の防止や文化の継承，景観の保全などの機能もあわせ持つとしている。

① **ア**　② **イ**　③ **ウ**　④ **エ**

**問２**　下線部ⓐに関して，生徒Xは，第二次世界大戦後の日本経済のおもな出来事を詳しく知りたいと思い，図書室で調べてみた。

後の用語**A**〜**C**のうち，**A**と**C**と関わりの深い出来事を**ア**〜**エ**のうちからそれぞれ選び，その組合せとして最も適当なものを，後の①〜⑥のうちから一つ選べ。 **2**

**出来事**

| |
|---|
| **ア**　不在地主のすべての土地と，在村地主の一定の単位の土地が小作農へ売り渡された。 |
| **イ**　日本銀行が直接引き受ける債券を原資に，鉄鋼と石炭の生産に重点的に資源を投入し，循環的な増産を図った。 |
| **ウ**　輸入の増大により外貨が不足し貿易が停滞することが1960年代前半まで繰り返された。 |
| **エ**　所得税の累進課税制度が導入されるとともに，直接税中心の税制が確立した。 |

**A**　経済の民主化
**B**　国際収支の天井
**C**　復金インフレ

① **A**－**ア**　**C**－**イ**
② **A**－**ア**　**C**－**エ**
③ **A**－**イ**　**C**－**エ**
④ **A**－**ウ**　**C**－**ア**
⑤ **A**－**エ**　**C**－**イ**
⑥ **A**－**エ**　**C**－**ウ**

**問3**　下線部ⓑに関連して，次の会話文中の A に当てはまる語句と，B に当てはまる記述の組合せとして最も適当なものを，後の ①〜④ のうちから一つ選べ。 3

Y：新型コロナウイルス感染症への対策として行動制限が実施されたけれど，国が私生活に介入してくるという経験があまりなかったからか，すごく窮屈な感じがしたよ。

X：学校生活の中にもいろいろな制限があったよね。日常的な市民生活は A の上に成り立っていることを改めて実感したな。

Y：「公共」の時間に勉強した私的自治の原則の話だね。

X：けれど，A は，当事者どうしが対等だという前提で成り立っているところに注意が必要なんだよね。実際の社会には，異なる立場の人どうしの関係が存在しているから，A を修正するための法律も用意されているよ。

Y：例えばどんな法律があるの？

X：B などがその一例だよ。

A に入る語句

**ア**　過失責任の原則

**イ**　契約自由の原則

B に入る記述

**ウ**　使用者に対し弱い立場にある労働者の利益を守るための労働基準法

**エ**　製造者の過失と製品の欠陥を立証できれば賠償責任を問うことができる製造物責任法

① A―ア　B―ウ　② A―ア　B―エ
③ A―イ　B―ウ　④ A―イ　B―エ

**問４** 下線部ⓒに関して，現代人と自由について考察した20世紀の思想家に関する次の記述**ア**～**ウ**からサルトルの主張をすべて選んだ時，その組合せとして最も適当なものを，後の①～⑧のうちから一つ選べ。
| 4 |

**ア** 自由の重荷に耐えきれず，自らの生き方を権威的な人物や組織に委ねる「自由からの逃走」が生じていると批判した。

**イ** 自らのあり方を自らの責任において選ぶことにより，社会へ積極的に関わる「アンガジュマン」を訴えた。

**ウ** 「人間は自由の刑に処されている」と述べて，責任の重さを自覚しつつ自由を選びとるべきことを主張した。

① **ア**と**イ**と**ウ**　② **ア**と**イ**　③ **ア**と**ウ**　④ **イ**と**ウ**
⑤ **ア**　⑥ **イ**　⑦ **ウ**
⑧ サルトルの主張はない

**第2問**　「公共」の授業で財政について学んだ生徒たちは，学んだことをもとに日本の少子高齢化に関して具体的な意見交換を行った。これに関して，次の問い（**問1～4**）に答えよ。（配点　13）

**問1**　生徒たちは，日本の財政をめぐり二つの問題提起を行い，それぞれについて問題解決に向けた提案と，それに対する異論を考えた。次の**ノート**の［ア］には後の記述**A**・**B**のいずれかが，［イ］には後の語句**C**・**D**のいずれかが，［ウ］には後の記述**E**・**F**のいずれかが入る。その組合せとして最も適当なものを，後の①～⑧のうちから一つ選べ。［5］

ノート

【問題提起1】

現在，日本では二種類の国債が発行されている。そのうち，［ア］。

【問題提起2】

財政の健全化は日本にとって喫緊の課題だ。増税を検討すべきではないか。

【提案1】

特例法の制定の遅れは地方財政に影響する。恒久法を制定し国会審議なしで国債発行を可能にすべきだ。

【提案2】

水平的公平を満たすため，消費税率の引き上げを行ってはどうか。

【異論1】

その方法では，［イ］の点で問題が生じるのではないか。

【異論2】

その方法では［ウ］ので，所得税率の引き上げの方が好ましい。

[ア] に入る記述

A　赤字国債は財政法により発行を禁じられているので，特例法を定めて発行されている

B　建設国債は公共事業費の規模に応じて，特例法が定めた範囲内において発行されている

[イ] に入る語句

C　財政の硬直化

D　財政民主主義

[ウ] に入る記述

E　逆進性の影響が心配される

F　水平的公平を満たすことができない

① ア－A　イ－C　ウ－E
② ア－A　イ－C　ウ－F
③ ア－A　イ－D　ウ－E
④ ア－A　イ－D　ウ－F
⑤ ア－B　イ－C　ウ－E
⑥ ア－B　イ－C　ウ－F
⑦ ア－B　イ－D　ウ－E
⑧ ア－B　イ－D　ウ－F

**問2** 生徒Xは，授業で扱った「第二の予算」とも呼ばれる財政投融資に興味を持ち，生徒Yと話し合った。次の会話文中の ア ～ ウ に当てはまるものの組合せとして最も適当なものを，後の①～⑧のうちから一つ選べ。 6

X：財政投融資計画額の推移を調べてみたのだけど，1996年頃には約40兆円にものぼっていて，国家予算の半分くらいの規模があったんだね。確かに「第二の予算」といえるよ。

Y：それから比べれば，新型コロナウイルス感染症の影響で多くなった2020年度を除き，近年は20兆円を下回る水準で推移していたよね。

X：郵便貯金や年金の積立金などを原資に巨額の計画を組んでいたことから批判が起きて，2001年の制度改革で資金源が ア に変わったんだ。無駄使いと言われても仕方のない事業も散見されていたし。

Y：資金源が変わった他は， イ が必要なことや，投融資活動の目的は変わっていないよね。

X：そうだね。基本的には， ウ には供給の難しい分野への投資や融資が行われているよ。少子化対策につながる事業への投融資も活発に行われるといいね。

| | ア | イ | ウ |
|---|---|---|---|
| ① | 租税 | 閣議決定 | 政府 |
| ② | 租税 | 閣議決定 | 民間 |
| ③ | 租税 | 国会の議決 | 政府 |
| ④ | 租税 | 国会の議決 | 民間 |
| ⑤ | 民間 | 閣議決定 | 政府 |
| ⑥ | 民間 | 閣議決定 | 民間 |
| ⑦ | 民間 | 国会の議決 | 政府 |
| ⑧ | 民間 | 国会の議決 | 民間 |

**問３**　先生は，日本の少子高齢化問題について意見交換を行うにあたり，三人の思想家の考えを紹介することにした。次の**カード１〜３**は，その際に先生が配布したカードの一部である。次の**会話文**中の［ア］〜［ウ］に入るものの組合せとして最も適当なものを，後の①〜④のうちから一つ選べ。［７］

**カード１**　……満足した豚であるより，不満足な人間であるほうがよく，満足した馬鹿（ばか）であるより不満足なソクラテスであるほうがよい。

**カード２**　功利性の原理ということばは，もっと明瞭（めいりょう）で有益な言い方をすれば，前に述べたように，最大幸福の原理と呼ぶことのできるものをさす名称として，他の人々によっても，私によっても使用された。

**カード３**　……「心を尽くし，精神を尽くし，力を尽くし，思いを尽くして，あなたの神である主を愛しなさい，また，隣人を自分のように愛しなさい」……

**会話文**

X：少子高齢化の問題は，社会の分断を生んでいると思います。限られたリソースがどの年齢層に分配されるかをめぐっていがみ合いが起きていると思いませんか？

Y：僕も同じことを感じています。「ずるい」という感情に支配されているのではないでしょうか。［ア］の考え方によれば，自分がしてほしいと思うことは，他の人にもしてあげるべきです。自分の世代に手厚いサポートをしてほしいと思うなら，他の世代にだって同様にするべきだということですね。

Z：普遍的な考え方ですよね。 **イ** の思想家の考えもそのような普遍的な価値に裏づけられたものだと思います。けれど，現実にはリソースは限られているので，どこかで調整をしなくてはなりません。

X：私は， **ウ** を重視すべきだと思いますね。

Y：それは，**カード2**の思想家の考え方に近いですね。

① **ア**—**カード1**　**イ**—**カード3**
**ウ**—リソースの分配がどのような効果をもたらすか

② **ア**—**カード1**　**イ**—**カード3**
**ウ**—リソースがいかに公正に分配されるか

③ **ア**—**カード3**　**イ**—**カード1**
**ウ**—リソースの分配がどのような効果をもたらすか

④ **ア**—**カード3**　**イ**—**カード1**
**ウ**—リソースがいかに公正に分配されるか

**問４**　生徒Xは，山間部の村落において高齢化が進むとともに人口が減少し，田畑や草地の管理が行き届かなくなることで，半自然の環境を好む希少生物が生息域を奪われるという問題があることを知った。次に示す，**この問題の解決策A・B**のうち，解決策として適当なものと，下の**この問題に関連する記述ア～エ**のうち正しいものとを選び，その組合せとして最も適当なものを後の①～⑧のうちから一つ選べ。　**8**

**この問題の解決策**

A　少子化・高齢化によって地域が衰退し里山が荒廃してしまう現状に対し，できるだけ里山を自然の状態に戻し野生動植物の生息域を確保することにした。

B　少子化・高齢化による地域の衰退と里山の荒廃を食い止め，人間が継続して地域に生活し続けられるような政策を立案することにした。

**この問題に関連する記述**

**ア**　地域の自然景観や歴史的遺産の保全などを目的として，国が土地の購入や管理などを進める活動をナショナル＝トラスト運動という。

**イ**　絶滅のおそれがある野生動植物の国際取引を規制することで，それらの保護を目指しているのは，ラムサール条約である。

**ウ**　観光客に旅行を通じて地域の自然環境や歴史文化などの魅力を伝え，その保全や地域振興を図る取り組みをエコツーリズムという。

**エ**　生物多様性の保全を図るため，生物資源を使った製品から得られた利益を，原産国と利用国で公平に分配することを定めたのは，京都議定書である。

| | | | |
|---|---|---|---|
| ①　A－ア | ②　A－イ | ③　A－ウ | ④　A－エ |
| ⑤　B－ア | ⑥　B－イ | ⑦　B－ウ | ⑧　B－エ |

**第3問** 民主主義をめぐる諸問題に関して，次の問い（**問1～4**）に答えよ。なお，設問の都合上，**問1**の生徒Xと生徒Yの各発言には番号を振っている。（配点　12）



**問1** アメリカの政治学者ダールは，民主化の度合いを，政治参加がどの程度認められているかを測る「包括性（参加）」と，権力への批判や政治をめぐる競争がどの程度許容されているかを測る「自由化（公的異議申立て）」の二つの次元に分類した。次の生徒Xと生徒Yの会話文を読み，Y1～Y4のうち，「自由化（公的異議申立て）」の度合いを高めると考えられるものの組合せとして最も適当なものを，後の①～⑥のうちから一つ選べ。 9

X1：フランスでは，年金の受給開始年齢を62歳から64歳に引き上げるとした制度改革によって大規模なデモが発生したんだね。

Y1：日本の政府だって，年金の受給開始年齢のさらなる引き上げや増税を検討している。新聞やテレビなどのマス・メディアはもっと騒ぐべきだよ。「第四の権力」と言われるくらいなんだから。

X2：メディアだけの問題ともいえないのではないかな。

Y2：確かに。かつては一定額以上の納税者で25歳以上の男性しか選挙で投票できなかったけれど，今では外国に住む日本人だって投票できる時代だ。投票で意思表示するべきだよ。

X3：そうだね。けれど，私の住んでいるところでは，この前の選挙では衆議院の小選挙区に二人しか立候補者がいなかった。どちらの掲げる政策も，あまり良いものだとは思えなかったし。

Y3：そんな時のための比例代表制じゃないかな。小さな政党の議員が多数当選すれば，国会が多様な意見の交換の場になるはずだよ。

X4：やっぱり民主主義である以上，自分たちが行動しなくてはならないよね。

Y4：その通りだよ。一定の年齢になれば，被選挙権も得られる。まずは地元の議会の議員に立候補してみたらどうかな。

① Y1とY2　② Y2とY3　③ Y3とY4
④ Y1とY3　⑤ Y1とY4　⑥ Y2とY4

**問２**　現代の民主制においては，集団としての意思決定を行う方法として多数決が用いられることが多い。しかし，多数決は万能ではなく，ときに問題が生じる。次の**表**は，クラスの役員選挙の投票結果である。この**表**から読み取れることとして正しい記述を次の**ア**～**ウ**からすべて選んだ時，その組合せとして最も適当なものを，後の①～⑧のうちから一つ選べ。**10**

**表**

| | 20人 | 15人 | 6人 |
|---|---|---|---|
| 1位 | A候補 | B候補 | C候補 |
| 2位 | B候補 | C候補 | B候補 |
| 3位 | C候補 | A候補 | A候補 |

（注）表は，A候補，B候補，C候補の順に好ましいと投票したのが20人，のように読む。

**ア**　A候補を最も好ましいと思う人よりも，A候補を最も好ましくないと思う人の方が多い。

**イ**　1位に3点，2位に2点，3位に1点の点数をつけ，好ましいと答えた人数と掛け合わせて再集計した場合，B候補が最も高得点となる。

**ウ**　C候補を除く二人の候補で決選投票を行った場合，当選するのはA候補である。

① アとイとウ　② アとイ　③ アとウ　④ イとウ
⑤ ア　⑥ イ　⑦ ウ　⑧ 正しい記述はない

**問3**　現在，多くの民主主義国家では，権力分立に則った政治体制をとっている。しかし，そのしくみは多様である。次の**図**は，民主主義国家であるA国における立法府と行政府の関係を表したもので，後の**ノート**はA国とB国の政治体制を比較したものである。**図**と**ノート**中の［A］・［B］の国名，［C］・［D］の記述，［ア］・［イ］の記述のうち，［A］・［C］・［ア］・［イ］に当てはまる正しい語句の組合せとして最も適当なものを，後の①～⑧のうちから一つ選べ。［11］

**図**

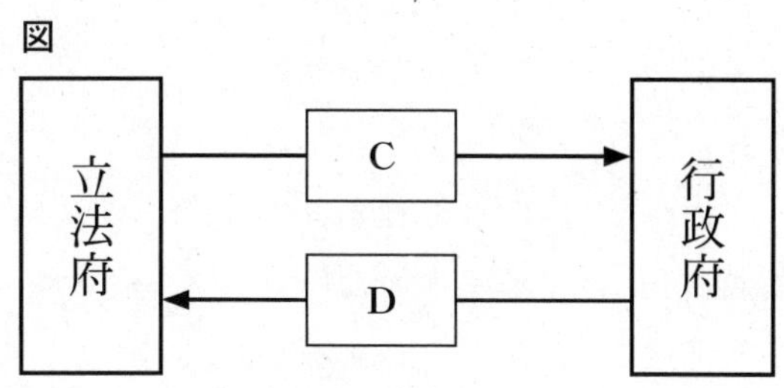


**ノート**

ⅰ…［A］では，立法府は行政府を［C］。また，行政府の長は議会に議席を［ア］。

ⅱ…［B］では，行政府は立法府に連帯して責任を負う。また，国民は上下両院の選挙権を［イ］。

① A — アメリカ　C — 弾劾できる
ア — 持たない　イ — 持たない

② A — アメリカ　C — 弾劾できる
ア — 持たない　イ — 持つ

③ A — アメリカ　C — 信任する
ア — 持つ　イ — 持たない

④ A — アメリカ　C — 信任する
ア — 持つ　イ — 持つ

⑤ A — イギリス　C — 弾劾できる
ア — 持たない　イ — 持たない

⑥ A — イギリス　C — 弾劾できる
ア — 持たない　イ — 持つ

⑦ A — イギリス　C — 信任する
ア — 持つ　イ — 持たない

⑧ A — イギリス　C — 信任する
ア — 持つ　イ— 持つ

**問4**　合意形成に関する次の生徒Xと生徒Yの会話文を読み，会話文中の　A　～　D　に当てはまる語句の組合せとして最も適当なものを，後の①～⑧のうちから一つ選べ。　12

Y：少数者に配慮がされにくい多数者支配型民主主義について「公共」の授業で教わったけど，多数派が常に正しいとは限らないから，少数者の意見にもじっくり耳を傾けることが結局は社会全体の利益になるという話だったね。それに，　A　が少数者の権利を侵害することについて，自分はもっと敏感になった方がいいと気づかされたよ。

X：こういう問題への一定の解決策として，先生は　B　をモデルにコンセンサス型民主主義を紹介していたね。

Y：ただし，日本にとって民主主義は外来の思想だということも先生は強調していたよ。

X：当然のように民主主義の上での合意形成の話をしているけれど，日本では伝統的に「おのずからなりゆくもの」として物事の決定を成り行きにまかせることが行われてきたんだった。これを　C　は「無責任の体系」と呼んで批判し，ファシズム台頭の背景として分析したよね。

Y：日本人にとっては，　D　が内発的開化の考え方を紹介した時代からが民主主義のスタートなのであって，それ以前には民主主義とは違うものの考え方があったんだよね。

第2回 実戦問題

| | A | B | C | D |
|---|---|---|---|---|
| ① | 多元主義 | 二大政党制 | 和辻哲郎 | 西田幾多郎 |
| ② | 多元主義 | 二大政党制 | 丸山眞男 | 夏目漱石 |
| ③ | 多元主義 | 多党制 | 和辻哲郎 | 西田幾多郎 |
| ④ | 多元主義 | 多党制 | 丸山眞男 | 夏目漱石 |
| ⑤ | 多数者の専制 | 二大政党制 | 和辻哲郎 | 西田幾多郎 |
| ⑥ | 多数者の専制 | 二大政党制 | 丸山眞男 | 夏目漱石 |
| ⑦ | 多数者の専制 | 多党制 | 和辻哲郎 | 西田幾多郎 |
| ⑧ | 多数者の専制 | 多党制 | 丸山眞男 | 夏目漱石 |

**第４問** 「公共」の授業で，生徒Xたちは，日常生活に最も身近な地方自治について学び，探究活動を行った。これに関して，後の問い（**問１～４**）に答えよ。（配点　13）

**問１**　生徒Xたちは，憲法第92条に規定のある「地方自治の本旨」に興味を持ち，実際の例と照らし合わせて理解を深めたいと思った。次の**生徒Xたちのメモ**中の［A］～［C］に当てはまるものの組合せとして最も適当なものを，後の①～⑥のうちから一つ選べ。［13］

**生徒Xたちのメモ**

> 憲法第92条には「地方公共団体の組織及び運営に関する事項は，地方自治の本旨に基いて，法律でこれを定める」とある。
>
> 近年，地方分権を背景に，各地の自治体で自治基本条例を制定する動きが広がっている。自治基本条例は，自治体運営の理念や原則を定めたものだが，こうした自主的な法規の制定は［A］自治のあらわれといえる。また，日本の地方自治においては，議会と首長のいずれもが選挙で選ばれる二元代表制が採用されているが，これは［B］自治である。
>
> 原子力発電所や産業廃棄物の処理施設の建設など，地域の重要課題をめぐり条例を制定し住民投票が行われるケースも見られる。こうしたことは［C］自治の制度といえる。

① A－住民　B－住民　C－住民
② A－住民　B－住民　C－団体
③ A－住民　B－団体　C－団体
④ A－団体　B－団体　C－団体
⑤ A－団体　B－団体　C－住民
⑥ A－団体　B－住民　C－住民

**問２** 生徒Xたちは，地方自治に独特の制度である直接請求権について，実際にどのような事例があるのかを調べて次の**表**にまとめ，後の**ア～エ**のように分析した。

**ア～エ**のうち，**表**を正しく読み取った上での分析の組合せとして最も適当なものを，後の①～⑥のうちから一つ選べ。 14

**表**

| | A市 | B市 | C市 | D市 |
|---|---|---|---|---|
| 請求の内容 | 新庁舎建設計画に関する住民投票条例の制定について | 市議会の解散について | 葬祭場の建設と地区計画の変更にかかる監査請求 | 防音校舎の除湿工事(冷房工事)の計画的な実施に関する住民投票条例の制定について |
| 法定署名数 | 300 | 45,042 | 882 | 5,631 |
| 署名総数 | 1,047 | 47,786 | 1,781 | 8,795 |
| 有効署名数 | 839 | 40,761 | 1,699 | 8,430 |
| 請求受理年月日 | 2015年9月11日 | | 2020年6月2日 | 2014年11月11日 |

(出所) 総務省地方自治月報により作成。

**ア** A市では，市議会に対し請求が行われ，議会における議決の結果が公表されたと考えられる。

**イ** B市の請求受理年月日が空欄になっているのは，有効署名数が法定署名数に達しておらず，請求が行われなかったからだと考えられる。

**ウ** C市では，選挙管理委員会に対し請求が行われ，住民投票が行われたと考えられる。

**エ** 署名活動が行われていた時点で最も有権者の人数が多いと考えられるのは，D市である。

① アとイ　② アとウ　③ アとエ
④ イとウ　⑤ イとエ　⑥ ウとエ

**問3** 生徒Xたちは，直接請求の制度について話し合っている。次の会話文中の［A］に当てはまる語句と，［B］に当てはまる記述の組合せとして最も適当なものを，後の①～④のうちから一つ選べ。［15］

X：イギリスの政治学者ブライスが「地方自治は民主主義の学校」と表現したように，地方自治における直接請求の制度からは，これぞ民主主義という理念を感じるね。

Y：人々の主体的な政治参加がなくては機能しない制度だね。地方自治を勉強していると，人々と政治は直接つながっていると素直に思えるのだけど，国政となるとそのように感じる制度が少ないように思うんだ。

X：そうでもないと思うよ。例えば，［A］があるよ。

Y：なぜそう思うの？

X：なぜなら，［B］。

Y：ああそうか，地方自治における直接請求権が対象としない人々も権利を行使できる制度だからか。

［A］に入る語句

**ア** 参政権

**イ** 請願権

［B］に入る記述

**ウ** 署名活動を行って，国や地方公共団体に要望を述べられるからだよ

**エ** 最高裁判所裁判官の国民審査は，直接民主制の一つだからだよ

① A－ア B－ウ ② A－ア B－エ

③ A－イ B－ウ ④ A－イ B－エ

**問４**　生徒Ｘたちは，探究活動のまとめとして，地方財政の現状を知るために，都道府県ごとの財政構造を調査した。次の**図**は，2021 年度の都道府県ごとの実質公債費比率と財政力指数を表したものであり，後の**生徒Ｘたちのノート**は，この図から読み取れる現状と将来の展望をまとめたものである。**生徒Ｘたちのノート**中の［Ａ］～［Ｃ］に当てはまる記述の組合せとして最も適当なものを，後の ① ～ ⑧ のうちから一つ選べ。［16］

**図**　都道府県ごとの実質公債費比率と財政力指数（2021 年度）

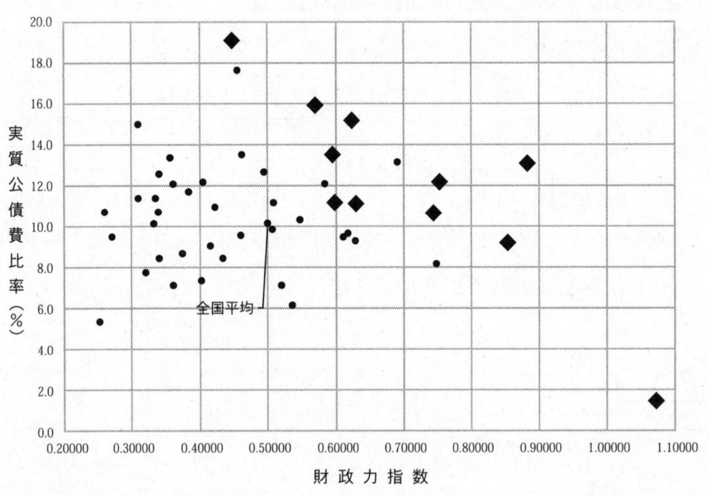


（注１）　財政力指数とは，地方公共団体の財政力を示す指数で，基準財政収入額を基準財政需要額で除して得た数値の過去３年間の平均値である。財政力指数が高いほど財源に余裕があるといえる。１を上回ると地方交付税が交付されない。

（注２）　実質公債費比率とは，地方公共団体の借入金（地方債）の返済額（公債費）の大きさをその地方公共団体の財政規模に対する割合で表したもの。

（出所）　総務省令和３年度地方公共団体の主要財政指標一覧により作成。

**生徒Xたちのノート**

○ **図**の◆は，人口が100万人を超える大都市を擁する都道府県を表している。◆の都道府県の分布の特徴から， A と考えることができる。**図**によると，◆の都道府県のうち， B 。

○「地方公共団体の財政の健全化に関する法律」では，地方公共団体の財政再生基準を実質公債費比率35％としている。2021年度には該当する都道府県は見られないが，将来的にこうした基準に該当する都道府県が現れないためには，**図**の都道府県の分布が C が望ましい。

A に当てはまる記述

**ア** グラフの中央から上部に行くにしたがい，財政運営の弾力性が高くなる

**イ** 大都市を擁することと，財政運営の弾力性が高いかどうかには相関関係がない

B に当てはまる記述

**ウ** 地方交付税が交付されていない地方公共団体がある

**エ** 両方の指数について全国平均を下回る地方公共団体がある

C に当てはまる記述

**オ** グラフの右上へ向かって移動していくこと

**カ** グラフの右下へ向かって移動していくこと

① A－ア B－ウ C－オ ② A－ア B－ウ C－カ
③ A－ア B－エ C－オ ④ A－ア B－エ C－カ
⑤ A－イ B－ウ C－オ ⑥ A－イ B－ウ C－カ
⑦ A－イ B－エ C－オ ⑧ A－イ B－エ C－カ

# 第3回

# 公　　民〔公　共〕

（50点
30分）

### 注意事項

1　解答用紙に，正しく記入・マークされていない場合は，採点できないことがあります。特に，解答用紙の**解答科目欄にマークされていない場合又は複数の科目にマークされている場合は，0点**となります。

2　試験中に問題冊子の印刷不鮮明，ページの落丁・乱丁及び解答用紙の汚れ等に気付いた場合は，手を高く挙げて監督者に知らせなさい。

3　解答は，解答用紙の解答欄にマークしなさい。例えば，［10］と表示のある問いに対して③と解答する場合は，次の（例）のように**解答番号10の解答欄**の③に**マーク**しなさい。

（例）

| 解答番号 | 解　　答　　欄 |
|---|---|
| 10 | ①　②　●　④　⑤　⑥　⑦　⑧　⑨ |

4　問題冊子の余白等は適宜利用してよいが，どのページも切り離してはいけません。

5　**不正行為について**

①　不正行為に対しては厳正に対処します。

②　不正行為に見えるような行為が見受けられた場合は，監督者がカードを用いて注意します。

③　不正行為を行った場合は，その時点で受験を取りやめさせ退室させます。

6　試験終了後，問題冊子は持ち帰りなさい。

# 公　　共

（解答番号 [ 1 ] ～ [ 16 ]）

**第1問**　次の生徒Xと生徒Yの会話文を読み，後の問い（**問1～4**）に答えよ。なお，設問の都合上，XとYの各発言には番号を振っている。
（配点　13）

X1：今日の「公共」の授業で大津事件の話を聞いたんだ。

Y1：大津事件？　ⓐ司法制度のところで勉強した記憶があるな。

X2：1891年に，日本を訪れ各地でⓑ寺社や庭園などの観光地を巡っていたロシアの皇太子が，日本人の巡査に切りつけられるという事件が起きたんだ。幸いにも皇太子は軽傷で済んだけれど，明治政府は，ロシアとの外交関係が悪化するのを恐れてこの巡査になるべく重い刑を科そうとした。

Y2：1891年といえば，明治時代の半ばだね。日本が欧米列強と肩を並べようと必死だった時代だ。

X3：日本の刑法では殺人未遂に死刑を適用できないにもかかわらず，明治政府は，日本の皇族に対する不敬罪を適用してこの巡査を死刑にしようと画策した。ところが，現在の最高裁判所長官にあたる大審院長の児島惟謙は，法に則って一般的な殺人未遂事件として扱うよう事件担当の裁判官を説得し，結果的に無期懲役になったんだ。

Y3：政府からの干渉を退けたということになるね。大日本帝国憲法が施行された直後のこの時代に，画期的な出来事だよ。でも，よく考えると問題もありそうだ。

X4：そうなんだ。ⓒ日本国憲法の定める裁判官の独立の考え方と照らすと，大津事件は司法権の独立を確立することとひきかえに，司法権内部に問題を抱えたんだ。

**問1**　生徒Xと生徒Yの会話文について，次の**ア**～**エ**の事件のうち，Y3の発言にある「問題」と同様の問題をはらむものとして最も適当なものを，後の①～④のうちから一つ選べ。 | 1 |

**ア**　裁判所が下した判決に対し，参議院の法務委員会が国政調査権を行使して独自に調査を実施した上で，裁判所の判決は量刑が軽すぎると決議した。

**イ**　自衛隊の合憲性が争われた事件で，担当の裁判官に対し憲法判断を抑制するように促す直接の上司からの私信が送られた。

**ウ**　生活保護の給付内容が不十分であるとして訴えを起こしたが，最高裁判所は，憲法第25条の規定は個人に対し国が具体的権利を保障するものではないと判断した。

**エ**　在日アメリカ軍基地の合憲性が争われた事件で，最高裁判所は，日米安全保障条約は高度な政治性を持つものだとして司法判断を回避した。

①　**ア**　　②　**イ**　　③　**ウ**　　④　**エ**

**問２**　下線部ⓐに関して，生徒Ｘは，近年日本で行われた司法制度改革について調べ，**ア〜エ**のように制度の変化をまとめた。

後の制度Ａ〜Ｃのうち，ＡとＢに関する制度の変化を**ア〜エ**のうちからそれぞれ選び，その組合せとして最も適当なものを，後の①〜⑥のうちから一つ選べ。 2

**制度の変化**

**ア**　冤罪を防ぐため，裁判員裁判の対象事件などにおいて，取り調べが合法的に実施されているかをチェックする体制がしかれた。

**イ**　検察官が行った不起訴処分について，法的拘束力を持つ起訴議決が可能になった。

**ウ**　裁判所，検察官，弁護人の三者が，裁判の争点を確認し証拠を厳選するなどして，審理計画を立てることになった。

**エ**　民事上の訴訟について，中立な第三者を仲介した解決のための法律が制定された。

Ａ　裁判外紛争解決手続法

Ｂ　検察審査会制度

Ｃ　公判前整理手続

① Ａ－**ア**　Ｂ－**イ**

② Ａ－**ア**　Ｂ－**エ**

③ Ａ－**イ**　Ｂ－**エ**

④ Ａ－**ウ**　Ｂ－**ア**

⑤ Ａ－**エ**　Ｂ－**イ**

⑥ Ａ－**エ**　Ｂ－**ウ**

**問3**　下線部ⓑに関して，世界の各地で信仰されている宗教に関する記述として最も適当なものを，後の ①～④ のうちから一つ選べ。　3

① 仏教では，縁起の法を理解し，苦の原因である執着を断つことで，煩悩が消え，涅槃の境地に至るとされる。

② 日本では，『古事記』と『日本書紀』の完成後に，唯一神への信仰を特徴とする神道が形成された。

③ キリスト教では，人間は超越的な存在である神にではなく，親や年長者など血縁関係にある者への愛を実践すべきであるとしている。

④ 儒教では，仁や義などの徳を人為的なものと否定する立場から，作為をせず，あるがままに生きることが理想であると説かれた。

**問4**　下線部ⓒに関して，生徒Ｙは，裁判員制度をめぐり憲法判断が行われたことを知り，これについて調べて次の**ノート**にまとめた。後の記述**ア**～**ウ**は，生徒Ｙの**ノート**にある憲法の条文に対し，最高裁判所が下した憲法判断を述べた判決文である。憲法の条文とそれに対する最高裁判所の憲法判断を述べた判決文の組合せとして最も適当なものを，後の①～⑥のうちから一つ選べ。 4

**ノート**

私は，裁判員制度は，初公判から判決までに日数がかかることが多く，守秘義務に違反すると罰せられるなど，裁判員に重い負担を課すので，意に反する苦役に服させることを禁じた憲法第 18 条に違反するのではないかと考えました。このことについて過去の判例を調べたところ，裁判員制度が日本国憲法に適合するものといえるのか否かについて，2011 年に最高裁判所が判決を下していました。

これによると，裁判員制度が憲法第 18 条に違反するかどうかについては，「裁判員としての職務に従事し，又は裁判員候補者として裁判所に出頭すること（以下，併せて「裁判員の職務等」という。）により，国民に一定の負担が生ずることは否定できない。しかし，……裁判員の職務等は，司法権の行使に対する国民の参加という点で参政権と同様の権限を国民に付与するものであり，これを「苦役」ということは必ずしも適切ではない」として，合憲と判断しています。

さらに，この判決では，次の条文についても憲法判断が行われています。

第 76 条②　特別裁判所は，これを設置することができない。行政機関は，終審として裁判を行ふことができない。

第76条③　すべて裁判官は，その良心に従ひ独立してその職権を行ひ，この憲法及び法律にのみ拘束される。

第80条①　下級裁判所の裁判官は，最高裁判所の指名した者の名簿によつて，内閣でこれを任命する。その裁判官は，任期を十年とし，再任されることができる。但し，法律の定める年齢に達した時には退官する。

最高裁判所は，これらすべてについて合憲の判断を下しています。ですが，判決文で述べられているように，裁判員制度が優れた制度として社会に定着するためには，その運営に関与するすべての者による不断の努力が求められると，私も思います。

**ア**　裁判員制度による裁判体は，地方裁判所に属するものであり，その第1審判決に対しては，高等裁判所への控訴及び最高裁判所への上告が認められており，裁判官と裁判員によって構成された裁判体がそれに当たらないことは明らかである。

**イ**　憲法は，最高裁判所と異なり，下級裁判所については，国民の司法参加を禁じているとは解されない。したがって，裁判官と国民とで構成する裁判体が，それゆえ直ちに憲法上の「裁判所」に当たらないということはできない。

**ウ**　裁判員法が規定する評決制度の下で，裁判官がときに自らの意見と異なる結論に従わざるを得ない場合があるとしても，それは憲法に適合する法律に拘束される結果であるから，同項違反との評価を受ける余地はない。

（注）表現を一部変えている。

① 第76条②－ア 第76条③－イ 第80条①－ウ
② 第76条②－ア 第76条③－ウ 第80条①－イ
③ 第76条②－イ 第76条③－ア 第80条①－ウ
④ 第76条②－イ 第76条③－ウ 第80条①－ア
⑤ 第76条②－ウ 第76条③－ア 第80条①－イ
⑥ 第76条②－ウ 第76条③－イ 第80条①－ア

**第2問** 「公共」の授業で，先生が「人新世」という語を板書し，次のような話をした。

「皆さんはこの言葉を知っていますか。日本語での読み方はまだ定まっておらず，「じんしんせい」や「ひとしんせい」と読みます。もとは“Anthropocene”という英語で，現代の人類の活動が地質学的なレベルで地球に影響を及ぼしたことにより新たな地質年代に入ったことを示そうとして，オランダの大気化学者パウル＝クルッツェンが造った言葉です。今の地質年代は完新世で，1万1700年前からこれが続いています。人新世が正式に国際的な学術団体で認められれば，完新世は終わりを告げることになるのかもしれません。」これに関して，後の問い（**問1～4**）に答えよ。（配点 12）

**問1** 先生は「人新世」について紹介した後，さらに，「「人新世」の始まりとされる1940年代後半や1950年代は冷戦真っただ中の時期です。冷戦期の出来事はテストで出題するので，ここで復習しましょう」と話した。そして，出来事を示した次のマグネットシート (i) ～ (iv) と (a) ～ (d) を黒板に貼り，「 (a) ～ (d) のうち3枚は，それぞれ， (i) と (ii) ， (ii) と (iii) ， (iii) と (iv) の間のいずれかに入ります。残りの1枚は冷戦終結後の出来事で，どのシートの間にも入りません。 (a) ～ (d) のそれぞれが入る場所を答えてください」と指示した。この指示に対し，生徒Xは後の①～④のように考えた。先生が「正解です」ということのできるものを，後の①～④のうちから一つ選べ。 5

(i) アメリカによるマーシャル＝プランの発表
(ii) ワルシャワ条約機構の創設
(iii) 先進６カ国による第１回サミットの開催
(iv) ベルリンの壁の崩壊

(a) 日本におけるドッジ＝ラインの実施
(b) ソ連のアフガニスタン侵攻
(c) 湾岸戦争
(d) 国連貿易開発会議（UNCTAD）の第１回総会の開催

① (a) は，(i) と (ii) の間に入る。
② (b) は，(ii) と (iii) の間に入る。
③ (c) は，(iii) と (iv) の間に入る。
④ (d) は，どのシートの間にも入らない。

**問2**　「人新世」に関する本を読んだ生徒Xは，「人類は完新世において文明を著しく発達させた。しかし，その文明は地球環境に対して回復不可能なほど大きな影響を与えるようになった。近年では，人新世の下での人類の文明のあり方を検討し，新たな方向性を打ち出すことが目指されている」といった趣旨の記述があるのを見つけた。文明について言及した次の文章**ア**～**ウ**と，それらの筆者の組合せとして最も適当なものを，後の ① ～ ⑧ のうちから一つ選べ。 **6**



**ア**

> 右の如く，暗殺攘夷の論は固(もと)より歯牙(しが)に留(とむ)るに足らず，なお一歩を進めて，兵備の工夫も実用に適せず，また上(かみ)に所記(しょき)の国体論，耶蘇(やそ)論，漢儒論もまた，人心を維持するに足らず。然(しから)ばこれを如何(いか)んして可(か)ならん。いわく，目的を定めて文明に進むの一事あるのみ。その目的とは何ぞや。内外の区別を明(あきらか)にして，我本国の独立を保つことなり。而(しこう)してこの独立を保つの法は，文明の外に求むべからず。

**イ**

> ……インドはイギリス人にではなく，近代文明に踏みにじられているのです。インドは近代文明に捕らわれてしまっているのです。そこから逃れる方法はまだたしかにあるのですが，日々，時は過ぎ去っています。私には宗教が大切ですから，まず悲しいことはインドが宗教から外れて行くことです。私は宗教をヒンドゥー教とイスラーム教とかパールスィー教とは解釈していません。しかしすべての宗教にある宗教が失われようとしているのです。私たちは神から顔を背けるようになっています。
>
> (注) パールスィー教：インドのゾロアスター教。

ウ

……これによって理解できるようになるのは，この二つの道がどちらも，時間および空間の中において相互に無関係に，まったく別々であるがどちらも正方向の，二つの知を作り出したことである。一方は感覚性の理論を基礎とし，農業，牧畜（ぼくちく），製陶（せいとう），織布（しょくふ），食物の保存と調理法などの文明の諸技術を今もわれわれの基本的欲求に与えている知であり，新石器時代を開花期とする。そして他方は，一挙に知解性の面に位置して現代科学の淵源（えんげん）となった知である。

（注）この二つの道：最高度に具体的なアプローチと最高度に抽象的なアプローチ

① ア　福沢諭吉　イ　シュヴァイツァー　ウ　フーコー
② ア　福沢諭吉　イ　シュヴァイツァー　ウ　レヴィ＝ストロース
③ ア　福沢諭吉　イ　ガンディー　ウ　フーコー
④ ア　福沢諭吉　イ　ガンディー　ウ　レヴィ＝ストロース
⑤ ア　中江兆民　イ　シュヴァイツァー　ウ　フーコー
⑥ ア　中江兆民　イ　シュヴァイツァー　ウ　レヴィ＝ストロース
⑦ ア　中江兆民　イ　ガンディー　ウ　フーコー
⑧ ア　中江兆民　イ　ガンディー　ウ　レヴィ＝ストロース

**問3**　生徒Yは，国際社会の成り立ちについて次の**ノート**を作成しておさらいすることにした。**ノート**中の空欄 ア ・ イ に入る記述 **A** ～ **D** の組合せとして最も適当なものを，後の①～⑨のうちから一つ選べ。 7

**ノート**

> ・国家は，領域・国民・主権の三つの要素からなり， ア 。
> ・「国際法の父」といわれるオランダの法学者グロティウスは，『戦争と平和の法』を著し，国際法の必要性を説いた。国際法は，主権国家を対象に国際社会を規律する法である。
> ・国際法は，条約と国際慣習法から成り立っている。条約は成文国際法の一つで，その条約に合意していない第三国には効力が及ばない。また イ 。

**A**　主権国家は，領土の大きさや人口の規模などによらず，独立かつ平等な存在として扱われる

**B**　戦時国際法により戦争当事国の内政不干渉の原則が定められているが，戦争状態が解消すると，その原則は認められないことになっている

**C**　国際社会において，長年継続されることにより，法律としての効果を持つようになったものが国際慣習法であり，原則としてすべての国家に効力を有する

**D**　主権国家からなる国際社会の原型は，フランス革命後の講和会議で締結されたウェストファリア条約などを通じて形作られた

① ア－A　イ－B　② ア－A　イ－C
③ ア－A　イ－D　④ ア－B　イ－A
⑤ ア－B　イ－C　⑥ ア－B　イ－D
⑦ ア－C　イ－A　⑧ ア－C　イ－B
⑨ ア－C　イ－D

**問4**　生徒Xは，人新世が，20世紀後半のグレート＝アクセラレーション（大加速）から始まったらしいことを知った。その大加速したものの一つに，実質GDP（国内総生産）がある。次の**グラフ**は，日本のGDPの名目経済成長率と実質経済成長率の推移を示している。実質経済成長率は，金額の変化のみを測定した名目経済成長率から，物価変動の影響を除いた指標である。このことをもとに考えると，前年度に比べて物価が上昇した年度として最も適当なものを，後の①～④のうちから一つ選べ。 **8**

**グラフ**

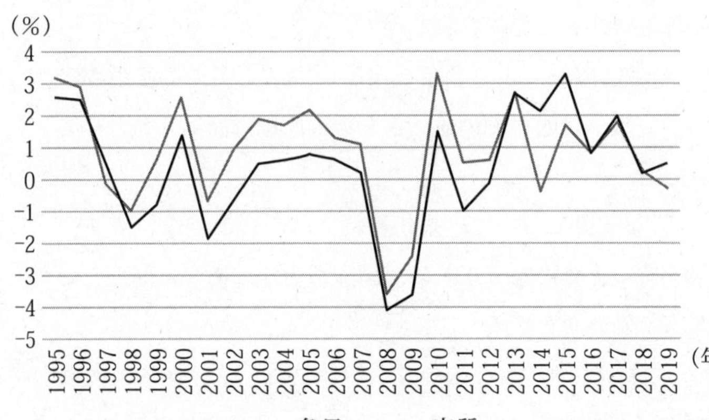


（出所）内閣府Webページにより作成。

① 2000年度　② 2008年度　③ 2013年度　④ 2015年度

## 第３問　今日の経済活動とそれに対する私たちのあり方に関して，次の問い（問１～４）に答えよ。なお，設問の都合上，問１の生徒Ｘと生徒Ｙの各発言には番号を振っている。（配点　12）



**問１**　公共財には，多くの人が同時に利用できるという非競合性と，対価を払わない人を排除できない非排除性という特性がある。次の生徒Ｘと生徒Ｙの会話文を読み，Y2～Y5のうち，非排除性は満たすが非競合性を満たさない財に言及しているものとして最も適切なものを，後の①～④のうちから一つ選べ。［ 9 ］

X1：このところの円安で，海外旅行はすっかりぜいたく品だ。僕は大学生になったら絶対に留学に行きたいと思っているのに。

Y1：うちは，父が仕事で中国に頻繁に行くから，一緒に連れて行ってもらっていたな。

X2：中国か。近くて遠いイメージだな。万里の長城には行った？

Y2：もちろん。万里の長城にアクセスするにはいくつかのルートがあって，それぞれ入場料や交通手段が違うんだ。宇宙からでも見えるだけあってどこまでも延々と道が続いていて，いつもすごくたくさんの人で賑わっているよ。

X3：僕は，北京に行ったら紫禁城にもぜひ行ってみたいよ。

Y3：紫禁城はとにかく広いんだ。敷地が南北に約１キロメートル，東西に約750メートルもあるんだよ。外国人のお客さんでいつもいっぱいで，特に繁忙期の春から夏にかけては入場料が割高になるんだ。入場制限がかかって中に入れない観光客もいるよ。

X4：僕も歴史的な建造物をこの目で見てみたいよ。

Y4：それなら，ヨーロッパにもぜひ行くべきだね。特に，イタリアのバチカン市国では，週に一度，ローマ法王の一般謁見が行われていて，法話を聞くことができるそうだ。一般謁見は無料で開放されているのだけれど，あまりにもたくさんの人が参加を希望するので，抽選が行われるんだ。

X5：せっかくローマまで行っても，運悪く抽選にはずれたら法話を聞くことはできないのか。

Y5：そうだね。けれど，一般謁見が行われるサン・ピエトロ広場は街の一部になっていて，普段は通行人や観光客，出店などで賑わっているんだ。ローマ法王が住んでいるバチカン宮殿も目の前に見えるよ。

① Y2　② Y3　③ Y4　④ Y5

**問2**　海外旅行の会話の後，海外留学を希望している生徒Xは，「今はインターネットでたくさんの情報を収集できるし，海外の人とオンラインでコミュニケーションもできるけど，やっぱり自分の目で見ていろいろなことを感じたり，実際に現地の人と会って話をしたりすることで，情報が実体験と結びついてより深い理解を得られる。だから，海外留学はとても貴重な体験になると思う」という内容の意見を生徒Yに話した。

それに対して，生徒Yは，「現地に足を運ぶことで何かしらの体験は得られるのかもしれないが，例えば飛行機での移動にかかる環境負荷や金銭的，時間的コストを考えると，地球の資源は有限だという前提で，テクノロジーを活用してローカルな生活の中でグローバルな思考をはぐくむべきだと思う」(**主張Ⅰ**）という内容の意見を生徒Xに伝えて二人は議論した。

次の見解**ア**～**ウ**のうち，**主張Ⅰ**を有する生徒Yが賛同するものをすべて選んだ時，その組合せとして最も適当なものを，後の ① ～ ⑧ のうちから一つ選べ。 10

**ア**　これからの時代は環境への影響を最優先に考慮しなくてはならないので，あらゆる行動の是非は環境保全の観点から判断されるべきだ。

**イ**　インターネットのようなテクノロジーは最大限活用すべきだが，実際の体験から得られる知見も貴重である。

**ウ**　リスクやコストを慎重に検討し，低コストでなおかつ持続可能な行動を心がけるべきだ。

① **ア**と**イ**と**ウ**　② **ア**と**イ**　③ **ア**と**ウ**　④ **イ**と**ウ**
⑤ **ア**　⑥ **イ**　⑦ **ウ**
⑧ 生徒Yが賛同するものはない

**問３**　生徒Ｙは，地球環境に配慮すべきだという考えから，コストがかかったとしても航空会社に徹底した温暖化対策を義務づけるべきだと主張した。しかし，生徒Ｘは，航空運賃がこれ以上値上がりすると，利用控えが進むのではないかと主張している。次の**図ア〜エ**は，航空券の需要曲線Ｄと供給曲線Ｓを表したものである。生徒Ｘと生徒Ｙの主張に合致した曲線の動きを表したものの組合せとして最も適当なものを，後の ① 〜 ⑧ のうちから一つ選べ。

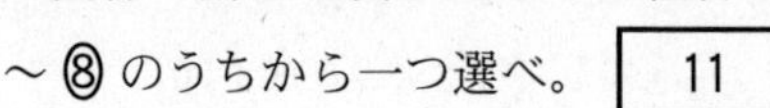


**図**

**ア**

P（価格）　D　S　Q（数量）

**イ**

P（価格）　D　S　Q（数量）

**ウ**

P（価格）　D　S　Q（数量）

**エ**

P（価格）　D　S　Q（数量）

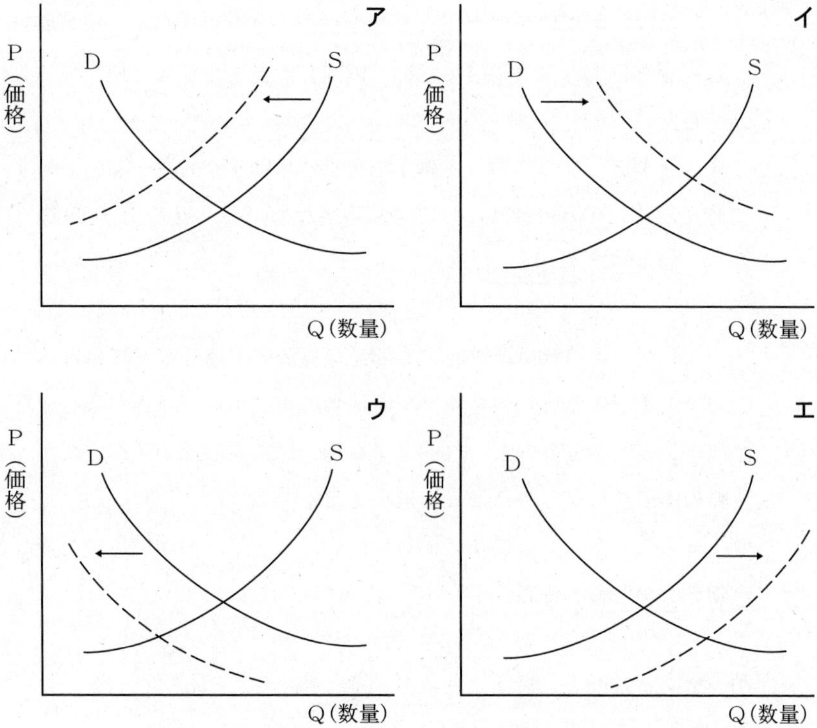

① **ア**と**イ**　② **ア**と**ウ**　③ **ア**と**エ**　④ ともに**ア**

⑤ ともに**イ**　⑥ ともに**ウ**　⑦ ともに**エ**

⑧ 合致するものはない

**問4** テクノロジーの発達は，経済のしくみに変化をもたらしている。インターネット上のサービスについて，次の生徒Xと生徒Yの会話を読み，会話文中の A ～ D に当てはまる語句の組合せとして最も適当なものを，後の ①～⑧ のうちから一つ選べ。 12



X：最近，不思議に思うことがあるんだ。検索サイトで検索をしたり，動画投稿サイトで動画を見たり，SNSで誰かと連絡をとったりしても，通信費の他にお金を払っていないんだよ。僕はサービスを消費しているはずなんだけれど。

Y：それは，プラットフォーマーの側の事情によるね。

X：プラットフォーマー？

Y：検索サイトや動画投稿サイト，SNSなんかを運営している企業のことだよ。プラットフォーム企業とも言うよ。プラットフォーマーに対して利用代を払わなくてもいいのか，という疑問だよね。

X：そう。だって，彼らは巨額の利益を得ているじゃないか。

Y：検索サイトなんかを利用する時に，必ず広告が表示されるよね。プラットフォーマーは広告主から広告料をとって利益をあげているんだ。プラットフォーマーからすると，利用者と広告主の両方が顧客なんだけれど，利用者の側の負担をなるべく軽くしているんだ。

X：それはどうしてなんだろう。

Y：価格弾力性によるものらしい。例えば，1本160円のジュースが半額の80円になっていたら，大勢が買いに来るよね。でも，仮に1本1,600円のジュースが半額の800円になっても買う人はそれほど増えない。この場合，1本 A 円のジュースの方が価格弾力性が低いといえるんだ。

X：それをさっきの話に置き換えると，広告を出すことの方が，検索サービスなどを利用することよりも価格弾力性が低いということ？

Y：そうだよ。 B の料金を安くした時に顧客が増える度合いの方が， C の料金を安くした時に顧客が増える度合いよりも大きいということだ。このことをふまえて，プラットフォーマーは，価格弾力性が D 利用者の方の負担をなるべく軽くすることで，得られる利潤を最大化しているんだよ。

| | A | B | C | D |
|---|---|---|---|---|
| ① | 160 | 検索サービス | 広告 | 高い |
| ② | 1,600 | 検索サービス | 広告 | 高い |
| ③ | 160 | 広告 | 検索サービス | 高い |
| ④ | 1,600 | 広告 | 検索サービス | 高い |
| ⑤ | 160 | 検索サービス | 広告 | 低い |
| ⑥ | 1,600 | 検索サービス | 広告 | 低い |
| ⑦ | 160 | 広告 | 検索サービス | 低い |
| ⑧ | 1,600 | 広告 | 検索サービス | 低い |

**第4問** 「公共」の授業で，生徒Xはクラスの生徒たちとグループを作り，労働環境について探究活動を行った。これに関して，後の問い（**問1～4**）に答えよ。（配点 13）

**問1** 生徒Xたちはまず，身近な労働環境について知りたいと思い，地元の旅館を訪ねてみた。その旅館では，従業員のうち，若者の多いことが目にとまった。生徒Xが女将（おかみ）さんにこのことを伝えると，女将さんは「うちは起業志望者を正社員で雇用して，経営者として自立できるまで，業務を通して育成しています。」と話してくれた。しかし，生徒Xは「せっかく時間をかけて育成しても，会社から出て行ってしまうのでは会社にとってコストと時間の損失になってしまうのではないか。」と考えた。生徒Xの考えに近い意見を次の**ア～ウ**からすべて選んだ時，その組合せとして最も適当なものを，後の①～⑧のうちから一つ選べ。 13

**ア** 終身雇用制を前提とする，年齢を重ねるごとに賃金が上がる体系は，労働者の企業への帰属意識や勤労意欲を高める。

**イ** 地域で求められる商品やサービスを提供し，地域住民の生活の充足に寄与するには，既存の大企業では困難である。

**ウ** 会社は，従業員の成長を促すしくみを用意して，夢や目標に挑戦する従業員を支援する場所である。

① **ア**と**イ**と**ウ**　② **ア**と**イ**　③ **ア**と**ウ**　④ **イ**と**ウ**
⑤ **ア**　⑥ **イ**　⑦ **ウ**
⑧ 生徒Xの考えに近い意見はない

**問２**　生徒Ｘたちは，次の**図１**・**図２**を見ながら労働環境について国際比較を行っている。後の**ア**～**エ**の意見のうち，**図１**・**図２**を正しく読み取った上での意見の組合せとして最も適当なものを，後の ① ～ ⑥ のうちから一つ選べ。　14

**図１**　労働生産性の国際比較（2021 年）

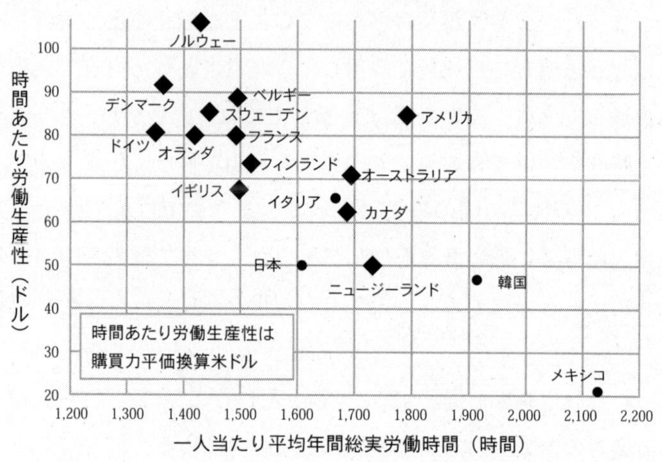


**図２**　女性をとりまく労働環境の国際比較（2020 年）

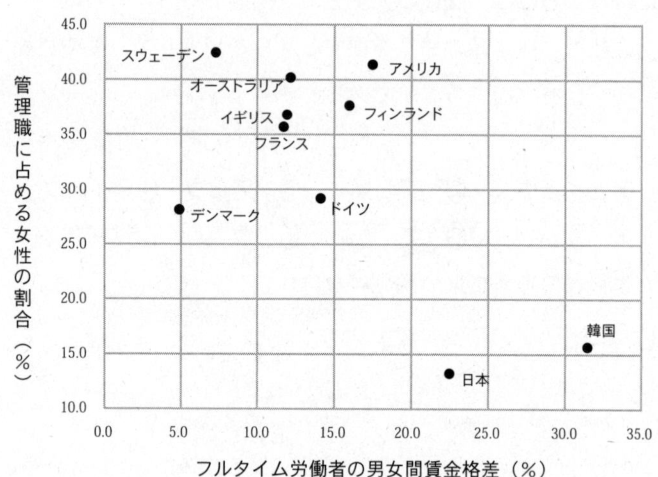

(注 1) **図1**の◆は，日本よりも一人当たりGNIの大きい国。

(注 2) フルタイム労働者の男女間賃金格差は，男女の中位所得の差を男性中位所得で除した数値。数値が小さいほど格差が小さい。

(出所) 時間あたり労働生産性は，日本生産性本部「労働生産性の国際比較2022」により作成。その他は，労働政策研究・研修機構「データブック国際労働比較2023」により作成。



**ア** 労働時間の長い国は労働生産性が低い傾向にあるが，日本より労働生産性が高くても日本より労働時間が長い国も見られる。

**イ** 韓国よりも日本の方が女性管理職の割合が大きいが，男女間の賃金格差は日本の方が小さい。

**ウ** 女性管理職の割合と男女間賃金格差には相関が見られることから，日本や韓国ではクオータ制の導入により男女間の賃金格差の是正につながる可能性がある。

**エ** 日本よりも一人当たりGNIが大きい国ではメンバーシップ型雇用が主流であり，多くの国で労働時間は日本より短くなっている。

① アとイ　② アとウ　③ アとエ

④ イとウ　⑤ イとエ　⑥ ウとエ

**問3** 生徒Xたちは，近年組織率が低下している労働組合に注目し，労働者の立場を強化できないか検討するため，次の**資料**を見ながら現状を確認している。生徒Xと生徒Yが交わした後の会話文中の下線部**ア**～**ウ**のうち正しいものをすべて選び，その組合せとして最も適当なものを，後の①～⑧のうちから一つ選べ。 15

**資料**

| 憲法 | | 関連する労働法 |
|---|---|---|
| 第27条 | 勤労権 | ・職業安定法 |
| | | ・雇用保険法など |
| | 勤労条件の基準 | ・A |
| | | ・最低賃金法など |
| | 児童酷使の禁止 | ・A |
| | | ・児童福祉法 |
| 第28条 | 労働三権 | ・B |
| | | ・労働関係調整法 |

| | | C | D | E |
|---|---|---|---|---|
| 民間企業 | | ○ | ○ | ○ |
| 国家公務員 | 自衛官 | × | × | × |
| | 警察・海上保安庁など | × | × | × |
| | 一般職員 | ○ | △ | × |
| 地方公務員 | 警察・消防職員 | × | × | × |
| | 一般職員 | ○ | △ | × |
| | 公営企業職員 | ○ | ○ | × |

○＝権利あり，×＝権利なし，△＝制限あり

Y：日本では，働き方改革関連法が2018年に制定されて，労働環境の改善が目指されているよね。労働環境はこれからどんどん変化していくと思うけれど，変化のモデルの一つとして，労働力が流動的なアメリカの労働市場が参考になるかもしれないよ。ア終身雇用や年功序列型賃金は日本的雇用慣行として知られているけれど，日本の場合，企業別労働組合が中心だという点でアメリカと似ているよ。

X：労働力の流動性ということで考えると，海外からこれまで以上に労働者が流入することも検討すべきだと思う。イ現状，日本では不法就労の外国人には**A**が適用されないので，劣悪な条件下での労働が問題になっているね。

Y：雇用環境が大きく変わるとなると，労働者の権利をいかに守るかがと

ても大事な論点になると思うけれど，例えばCを制限されたら労働組合を作ることができなくなるかもしれないし，Eを制限されたら労働条件の改善や賃上げを求めるストライキなどもできなくなるかもしれない。

X：そうだね。そうなると，ウC，D，Eの権利を具体的に保障しているBの存在がとても大切になってくるね。

① ア
② イ
③ ウ
④ アとイ
⑤ アとウ
⑥ イとウ
⑦ アとイとウ
⑧ 正しいものはない

**問４**　生徒Ｘたちは，労働をめぐり様々な問題が発生しているのはなぜなのかを考察し，解決策について話し合っている。次の会話文中の［Ａ］～［Ｃ］に当てはまる文の組合せとして最も適当なものを，後の①～⑧のうちから一つ選べ。［16］

Ｘ：働くことって，個人の生活を支えるのと同時に，社会全体を機能させるために必要なことだと思うけれど，なぜこんなにたくさんの問題が発生するのだろう。みんなにとって必要なことなのに。

Ｙ：さかのぼれば，産業革命の頃から，人間社会は労働をめぐって同じような問題を抱え続けているような気がするな。資本主義経済には様々な弊害がついてまわるものなのだと思う。

Ｘ：それで，資本主義経済がもたらす問題を解決するために，［Ａ］わけだよね。

Ｙ：そうだね。結局は市場経済が導入されていったけれど，それでも今に至るまで僕らの社会が同じような問題を抱えているということは，社会のあり方を根本から見直した方がいいのかもしれないよ。

Ｘ：根本から？

Ｙ：例えば，［Ｂ］，人々が対等な立場で自由に議論のできる公共性を確立すべきだとする考え方があるよね。国家的な公共性に対し，市民的な公共性を形成すると考えることもできると思う。

Ｘ：なるほど，今あるしくみの中で少しでもましな方法を模索するのではなくて，社会のあり方そのものに疑問を持ってみるということだね。じゃあ，例えば，自由主義の視点から［Ｃ］という考え方はどうかな。

Ｙ：確かに自由を尊重する考え方ではあるけれど，これだと既存のしくみの中のよりましな方法にとどまってしまうと思うよ。

A に入る文

ア　生産手段の国有化と計画経済によって資本主義の矛盾を克服し，平等が実現する社会を作ろうとした

イ　自由放任主義から一転して，政府が公共事業を増やしたり福祉政策を充実させたりして国民生活の安定を図ろうとした

B に入る文

ウ　生活するための労働や，物を生産するための仕事が，共同体を営むための活動に優先してしまっているから

エ　効率化を求めて政治や経済などの制度を作ったけれど，結局はこうした制度が人々の日常を支配してしまっているから

C に入る文

オ　財産をどのように使うかを決めるのはその所有者なので，政府による所得の再分配は認められない

カ　自由な競争によって社会に不平等が生じることは認めるが，その競争は結果的に最も不遇な人々の救済につながるものでなければならない

① A－ア　B－ウ　C－オ
② A－ア　B－ウ　C－カ
③ A－ア　B－エ　C－オ
④ A－ア　B－エ　C－カ
⑤ A－イ　B－ウ　C－オ
⑥ A－イ　B－ウ　C－カ
⑦ A－イ　B－エ　C－オ
⑧ A－イ　B－エ　C－カ

東進 共通テスト実戦問題集



# 第4回

# 公　　民〔公　　共〕

（50点　30分）

注意事項

1　解答用紙に，正しく記入・マークされていない場合は，採点できないことがあります。特に，解答用紙の**解答科目欄にマークされていない場合又は複数の科目にマークされている場合は，0点**となります。

2　試験中に問題冊子の印刷不鮮明，ページの落丁・乱丁及び解答用紙の汚れ等に気付いた場合は，手を高く挙げて監督者に知らせなさい。

3　解答は，解答用紙の解答欄にマークしなさい。例えば，10 と表示のある問いに対して③と解答する場合は，次の（例）のように**解答番号10の解答欄の③にマーク**しなさい。

（例）

| 解答番号 | 解　答　欄 |
|---|---|
| 10 | ① ② ● ④ ⑤ ⑥ ⑦ ⑧ ⑨ |

4　問題冊子の余白等は適宜利用してよいが，どのページも切り離してはいけません。

5　**不正行為について**

①　不正行為に対しては厳正に対処します。

②　不正行為に見えるような行為が見受けられた場合は，監督者がカードを用いて注意します。

③　不正行為を行った場合は，その時点で受験を取りやめさせ退室させます。

6　試験終了後，問題冊子は持ち帰りなさい。

# 公　　　共

（解答番号 1 ～ 16 ）

**第1問**　次の生徒Xと生徒Yの生命倫理と社会に関する会話文を読み，後の問い（**問1～4**）に答えよ。（配点　12）

X：アメリカでは，人工妊娠中絶を禁止している州があると聞いたんだけど，本当なのかな？

Y：そうなんだよ。連邦最高裁は1973年に人工妊娠中絶を合衆国憲法上合憲だとしたんだけど，2022年にこれを覆したんだ。それ以来，州ごとに州法を制定して人工妊娠中絶を禁止できるようになったね。

X：時代の流れに逆行しているように感じるんだけど，そもそもⓐ基本的人権の尊重と整合性がとれるの？

Y：アメリカでは，胎児の生存権を重視するプロライフと，妊婦自身の権利を重視するプロチョイスの二通りの考え方に世論が大きく分かれているんだよ。

X：うわあ。それはとても難しい問題だね。

Y：一見するとプロチョイスの考え方が合理的に思えるけれど，ⓑ科学技術が発達していろいろな医療が可能になる中で，命に対してどこまで介入するのかを人間が決めてよいのかという疑問もあるよね。

X：そっか。例えば，出生前診断で胎児の病気やⓒ障がいの可能性がある程度わかるようになってはいるけれど，あらゆる命を受け入れることも自然な人間のあり方だと考えることができるね。

Y：そう考えるとプロライフの立場も理解できるよね。だから，科学技術の進展と，社会のセーフティネットともいえるⓓ社会保障制度の拡充のどちらがより重要かと聞かれたら，社会保障制度の方かもしれない，とも思えてくるんだ。

**問1**　下線部ⓐに関連して，生徒Yは，人権の発展について生徒Xがまとめたノートの次の箇所が気になっている。

＜自由をめぐる二つの主張＞

| |
|---|
| ⅰ　国家による自由<br>ⅱ　国家からの自由 |

生徒Xのノートには，続いて次の内容がメモされている。

＜基本的人権に関わるおもな歴史文書＞

| | | | |
|---|---|---|---|
| フランス | フランス人権宣言 | 自由・所有権・安全および圧制への抵抗を自然権として宣言した。 | ……文書**A** |
| ドイツ | ワイマール憲法 | 世界で初めて社会権を保障した憲法である。 | ……文書**B** |
| アメリカ | バージニア権利章典 | 天賦人権の思想を明確に示した。現在のバージニア州憲法の一部である。 | ……文書**C** |

生徒Yは，自由をめぐる二つの主張ⅰ・ⅱと，基本的人権に関わるおもな歴史文書**A**～**C**との間の関連を調べてみた。そのうち，文書**A**はその成立した時代背景から主張ⅱに関連づけられると考えた。続けて，文書**B**と文書**C**について，主張ⅰとⅱのどちらに関連づけられるかを検討した。明らかに関連していると考えられる組合せとして最も適当なものを，次の①～④のうちから一つ選べ。 1

① 文書**B**とⅰ，文書**C**とⅱ

② 文書**B**とⅱ，文書**C**とⅰ

③ 文書**B**と文書**C**ともにⅰ

④ 文書**B**と文書**C**ともにⅱ

第4回 実戦問題

**問２** 下線部ⓑに関連して，次の会話文中の［A］・［B］に当てはまる語句の組合せとして最も適当なものを，後の①～④のうちから一つ選べ。［2］

X：科学技術の進歩はいろいろなことを可能にしているよね。例えば，［A］は再生医療の可能性を大きく広げたよ。

Y：人間の受精卵ではなく体細胞から作られる点で，倫理的な問題も少ないと考えられている技術だよね。確かに，医療技術の進歩によって様々なことが可能になっているけれど，生命のあり方や選択肢は複雑になったよね。

X：私もそう思うな。生命に絶対的な価値を置く［B］の考え方が医療の発達の原動力となったけど，選択肢が増えた結果，自分の生命のあり方を自己決定しなくてはならなくなったよ。

Y：それはとても難しいことだよね。経済力によって命が選別されることだってあるかもしれない。

［A］に入る語句

**ア**　iPS 細胞

**イ**　ES 細胞

［B］に入る語句

**ウ**　QOL

**エ**　SOL

① A―ア　B―ウ　　② A―ア　B―エ

③ A―イ　B―ウ　　④ A―イ　B―エ

**問3**　下線部ⓒに関連して，生徒Xたちは，公共の施設などにスロープや多目的トイレなどの設備が増えていることから，様々な障がいを持つ人々が現在の設備をどの程度使いやすいと感じているのか，またどのようなまちづくりを希望しているのかを調べてみたいと思っている。障がい者に関する記述のうち正しいものを次の**ア**～**ウ**からすべて選んだ時，その組合せとして最も適当なものを，後の①～⑧のうちから一つ選べ。 **3**



**ア**　日本では，障害者基本法の改正により，手話が法律上の言語に位置づけられた。

**イ**　障がいを持つ，持たないにかかわらず，すべての人々にとって利用しやすい製品や施設を作る考え方を，インフォームド＝コンセントという。

**ウ**　2030年を期限とした国際目標であるSDGs（持続可能な開発目標）には，障がい者を対象としたターゲット（目標）が含まれている。

① **ア**と**イ**と**ウ**
② **ア**と**イ**
③ **ア**と**ウ**
④ **イ**と**ウ**
⑤ **ア**
⑥ **イ**
⑦ **ウ**
⑧ 正しいものはない

**問４**　下線部ⓓに関連して，次の図は，生徒Ｙが眺めていた雑誌のコラムに掲載されていた日本の社会保障制度の四つの柱の解説であり，［ア］～［エ］には社会保険，公的扶助，社会福祉，公衆衛生のいずれかが入る。そのうち，［ア］～［ウ］に当てはまるものの組合せとして最も適当なものを，後の①～⑨のうちから一つ選べ。［4］

図

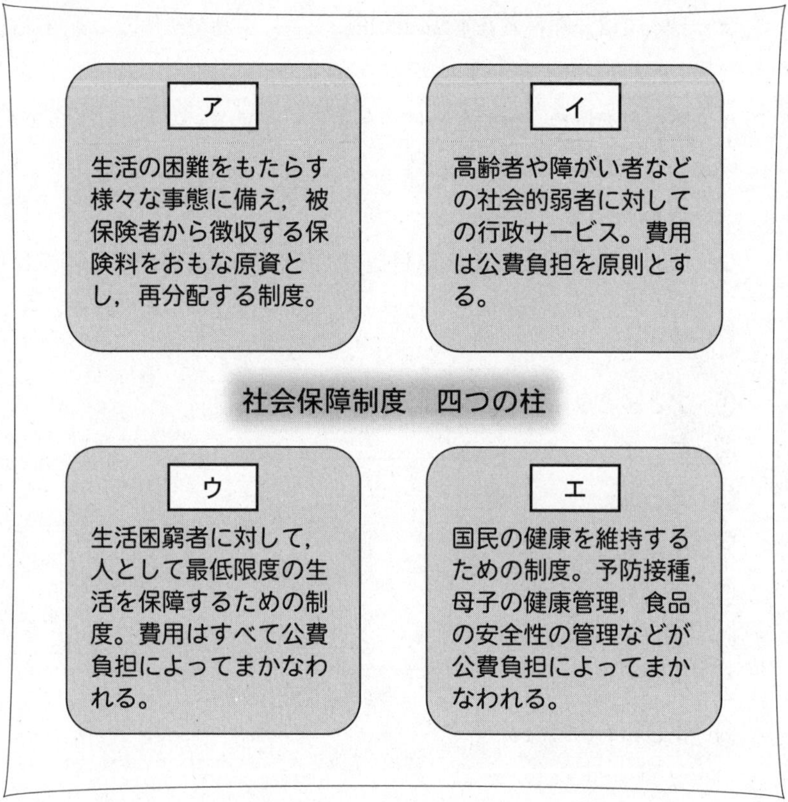

社会保障制度　四つの柱

| ア | イ |
|---|---|
| 生活の困難をもたらす様々な事態に備え，被保険者から徴収する保険料をおもな原資とし，再分配する制度。 | 高齢者や障がい者などの社会的弱者に対しての行政サービス。費用は公費負担を原則とする。 |

| ウ | エ |
|---|---|
| 生活困窮者に対して，人として最低限度の生活を保障するための制度。費用はすべて公費負担によってまかなわれる。 | 国民の健康を維持するための制度。予防接種，母子の健康管理，食品の安全性の管理などが公費負担によってまかなわれる。 |

① ア 社会福祉 イ 社会保険 ウ 公衆衛生
② ア 公衆衛生 イ 社会保険 ウ 社会福祉
③ ア 社会保険 イ 公衆衛生 ウ 社会福祉
④ ア 社会福祉 イ 公的扶助 ウ 公衆衛生
⑤ ア 公衆衛生 イ 公的扶助 ウ 社会福祉
⑥ ア 社会保険 イ 社会福祉 ウ 公衆衛生
⑦ ア 社会福祉 イ 社会保険 ウ 公的扶助
⑧ ア 公衆衛生 イ 社会福祉 ウ 公的扶助
⑨ ア 社会保険 イ 社会福祉 ウ 公的扶助

## 第２問 生徒Ｘと生徒Ｙのクラスでは，「公共」の授業の中でまちづくりについて学んでいる。これに関して，次の問い（問１～４）に答えよ。（配点 13）

**問１** 生徒たちは，自分たちの住む地区で開かれる市政懇談会を訪れた。次の会話文は，懇談会でのおもなやりとりを示したものである。会話文中の［ア］～［ウ］に入る発言の組合せとして最も適当なものを，後の①～④のうちから一つ選べ。［5］

住民：この集会所周辺の緑地は，景観がすばらしい丘陵の緑地です。自然環境の保持に努め，散策路，休憩所，展望台などを設置して，全体を公園として整備していただきたいです。

市長：公園の整備は「都市計画の決定」に属する事務ですので［ア］。

住民：最近のごみ焼却施設では，単にごみを焼却するだけでなく，ごみの焼却により発生した熱をエネルギーとして回収するところもあると聞きます。私たちの市でも導入してみてはどうでしょうか。

市長：焼却施設の整備には，市の支出だけでは足りず，地方債を発行したり，国から使途が指定された［イ］を使ったりする必要がありますので，一度担当部署で検討したいと思います。

住民：公共の場所での喫煙を制限する法律が施行されていますが，この法律では通学路は対象外です。受動喫煙の影響が大きい未成年者に対しては特に配慮すべきで，市が独自に条例を制定して通学路も対象に含めていただけないでしょうか。

市長：［ウ］，まずは，受動喫煙がなくなるよう地元の方々と話し合いをさせていただきたいと考えています。

①　ア　国の強い関与が認められる法定受託事務であり，市が独自に整備を進めることはできません

イ　国庫支出金

ウ　地方議会が法律の基準よりも厳しい基準を定めることはできませんので

②　ア　国の強い関与が認められる法定受託事務であり，市が独自に整備を進めることはできません

イ　地方交付税交付金

ウ　市長が条例案を議会に提出することはできますが

③　ア　自治体が独自に処理できる自治事務であり，実現に向けた課題を整理することにします

イ　国庫支出金

ウ　市長が条例案を議会に提出することはできますが

④　ア　自治体が独自に処理できる自治事務であり，実現に向けた課題を整理することにします

イ　地方交付税交付金

ウ　地方議会が法律の基準よりも厳しい基準を定めることはできませんので

**問２**　市政懇談会の後，クラスでは市民社会と政治について話し合いが行われ，生徒Ｘと生徒Ｙの間で次のようなやりとりがあった。

Ｙ　：政治は政治家や官僚に任せればよいと私は思います。彼らはそうした分野の専門家のはずですよね。
Ｘ　：でも，それだと，政治や行政が彼らにとって都合の良い政策ばかりを推し進めることになりかねないので，政策の実現可能性の検討や，予算，資源の調達まで市民が介入する必要があると思います。
先生：Ｙさん，これについてはどうですか？
Ｙ　：私たちの役割は，政治家や官僚の立案した政策が民主主義の理念に沿っているかどうかを慎重に検討することや，自分たちにとって理想的な社会像を彼らに提示することであって，市民の要望を実現するのに必要な予算や資源などの検討と調達は，政治や行政の仕事だと思います。

このやりとりを興味深く聞いた後，先生はある感想を持った。次の見解**ア**～**ウ**のうち，先生の感想と合致すると思われるものをすべて選んだ時，その組合せとして最も適当なものを，後の①～⑧のうちから一つ選べ。［ 6 ］

**ア**　生徒Ｙは，意思決定はトップダウンであるべきだと考え，生徒Ｘはボトムアップであるべきだと考えている。
**イ**　生徒Ｙと生徒Ｘでは，有権者としての責任についての認識が違う。
**ウ**　どちらの考え方においても，国で導入しているオンブズマン制度によって行政の公正化・適正化を図ることができる。

①　**アとイとウ**　　②　**アとイ**　　③　**アとウ**　　④　**イとウ**
⑤　**ア**　　⑥　**イ**　　⑦　**ウ**　　⑧　先生の感想と合致するものはない

**問３**　生徒たちは，次に，自分たちの住むＡ市と，子育てがしやすいと評判のＢ市，さらに，近隣の市の中で最も農業が盛んなＣ市を比較してみた。次の**会話文**の中の［ a ］・［ b ］に入るものの組合せとして最も適当なものを，後の①～⑧のうちから一つ選べ。［ 7 ］



**資料１　Ａ市，Ｂ市，Ｃ市の比較**

| 項目 | Ａ市 | Ｂ市 | Ｃ市 |
|---|---|---|---|
| 人口（2023年１月１日現在）（人） | 73,277 | 59,480 | 61,860 |
| 出生数（2022年度）（人） | 515 | 647 | 361 |
| 死亡数（2022年度）（人） | 698 | 316 | 698 |
| 転入者数（日本人移動者）（2022年度）（人） | 1,958 | 3,439 | 1,194 |
| 転出者数（日本人移動者）（2022年度）（人） | 2,114 | 2,844 | 1,577 |
| 一住宅あたり延べ面積（2018年度）（㎡） | 112.93 | 88.49 | 132.21 |
| 大都市圏に属する場合，その大都市圏の中心地までの距離（km） | 30～40 | 10～20 | － |
| 第一次産業就業者の割合（2020年度）（%） | 4.12 | 0.74 | 29.64 |
| 第二次産業就業者の割合（2020年度）（%） | 47.8 | 22.7 | 27.08 |
| 第三次産業就業者の割合（2020年度）（%） | 45.66 | 72.26 | 39.64 |
| 製造品出荷額等（2021年度）（百万円） | 923,595 | 19,476 | 1,885,641 |
| 小売業年間商品販売額（2021年度）（百万円） | 63,055 | 91,839 | 65,396 |
| 大型小売店数（2021年度）（事業所） | 9 | 5 | 7 |
| 保育所等数（2022年度）（所） | 14 | 11 | 21 |

**資料２　Ａ市，Ｂ市，Ｃ市の15歳未満人口割合の推移**

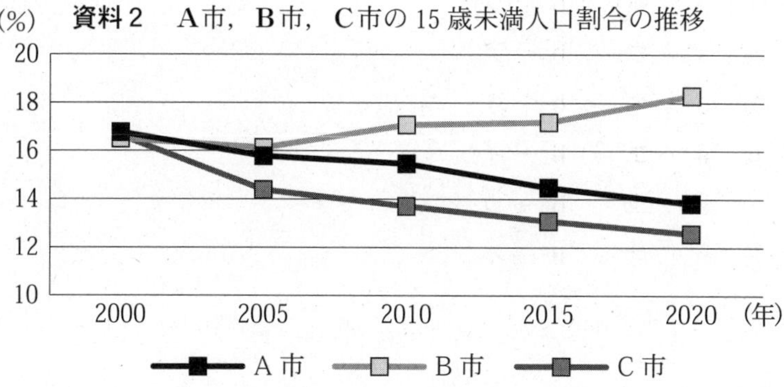

会話文

X：**資料1**を見ると，A市はB市と比べて第二次産業就業者の割合が高く，製造品出荷額等が多いことがわかるね。A市とC市では，C市の方が第一次産業就業者の割合が高いことが目立つよ。

Y：**資料2**を見ると，B市の15歳未満人口割合は2005年以降上昇しているけれど，A市とC市は明らかに下落傾向だね。

X：それ以外にも，**資料1**を見ると，A市はB市と比べて［ a ］ということがわかるよ。

Y：A市をC市と比べると，A市は［ b ］ということがわかるな。

X：**資料1**と**資料2**からわかることをもとに今後のA市の人口の推移を考えると，人口の減少も心配されるね。

**ア**　第三次産業就業者の割合が高く，小売業年間商品販売額が多い
**イ**　大都市圏の中心地までの距離が近く，転入者数が多い
**ウ**　一住宅あたりの延べ面積が狭く，大型小売店数が少ない
**エ**　出生数が少なく，転入者数よりも転出者数が多くなっている
**オ**　出生数と保育所等数がともに少ない

① a－ア　b－エ
② a－イ　b－ア
③ a－イ　b－ウ
④ a－ウ　b－ア
⑤ a－ウ　b－オ
⑥ a－エ　b－イ
⑦ a－エ　b－ウ
⑧ a－オ　b－イ

**問4**　生徒Xは，まちづくりについての授業の中で自分の住む地域について調べたことをもとに，自分の将来についても考えてみた。次の事例**ア**～**ウ**と，防衛機制や葛藤を説明する後の用語**A**～**D**の組合せとして最も適当なものを，後の①～⑨のうちから一つ選べ。 **8**

**ア**　家族や友だちといつでも会うことができ，住み慣れていることからも，**A**市に住み続けたいという希望があるが，将来的には子育てがしやすいという評判の**B**市に引っ越してもいいのではないかとも思う。

**イ**　大学進学とともに**A**市を離れ大都市で就職した先輩が，高層階のマンションを買ったと聞いた。うらやましくないわけではないけれど，生活費や住宅ローンの返済なども考えると，**A**市での暮らしの方が堅実に違いない。

**ウ**　地元の大学を卒業した後も**A**市に住み続け，近隣の都市部にある条件の良い就職先で働きたい。しかし，一番近いところでも**A**市からは片道2時間ほどかかる見込みで，通勤のために毎日往復4時間かけることはしたくない。

**A**　抑圧
**B**　合理化
**C**　「接近－回避」
**D**　「接近－接近」

① ア－A　イ－B　ウ－C　② ア－A　イ－C　ウ－D
③ ア－B　イ－C　ウ－A　④ ア－B　イ－D　ウ－A
⑤ ア－B　イ－D　ウ－C　⑥ ア－C　イ－D　ウ－A
⑦ ア－D　イ－A　ウ－B　⑧ ア－D　イ－B　ウ－A
⑨ ア－D　イ－B　ウ－C

**第３問** 今日の経済活動とそれを支えるしくみに関して，次の問い（**問１**～４）に答えよ。なお，設問の都合上，**問１**の生徒Ｘと生徒Ｙの各発言には番号を振っている。（配点 12）

**問１** 次の生徒Ｘと生徒Ｙの会話文を読み，Y1～Y4のうち，市場の失敗に当てはまるものの組合せとして最も適当なものを，後の ①～⑥ のうちから一つ選べ。 **9**

X1：去年就職したばかりの姉が，アパートの家賃が値上がりしたからもう少し安いところへ引っ越したいと言っているんだよ。

Y1：そうなんだ。確かに，このところ輸入品価格の高騰や円安で何もかもが値上がりしているもんね。

X2：いろいろと物件を見て回っているそうだけど，なかなか決まらないみたいだよ。

Y2：アパートって住んでみないとわからないんじゃないの。家賃が割高だから良い物件だろうと思って契約したものの，住んでみたら住民どうしのトラブルが多くて，実際にはその近くの割安なアパートの方が生活環境は良かった，という話も聞いたことがあるよ。

X3：気に入った物件に出合うまで引っ越しを繰り返すわけにもいかないよね。姉は，次に家賃が値上がりする前に引っ越したいみたいだよ。

Y3：引っ越しをするなら時期を選んだ方がいいだろうね。新生活に向けた準備が始まる春先は，引っ越し業者の予約がなかなか取れない上に料金がすごく割高になるみたいだよ。

X4：確かにそうだよね。春になると引っ越し業者のトラックをよく見かけるな。

Y4：私の家の周りにはたくさんアパートがあるから，春先になるとあちこちに引っ越しのトラックが駐車していて道が混雑してしまうんだよ。

① Y1とY2　② Y2とY3　③ Y3とY4
④ Y1とY3　⑤ Y1とY4　⑥ Y2とY4

**問2**　日常的な経済活動は，様々な契約を交わすことで成立している。例えば，電車に乗って移動するという行為は，乗客は目的地までの運賃を支払う義務を負い，鉄道会社は乗客を目的地まで運ぶ義務を負うというように，法律に定める契約にもとづくものである。日本の契約制度に関する記述として正しいものを次の**ア**～**ウ**からすべて選んだ時，その組合せとして最も適当なものを，後の①～⑧のうちから一つ選べ。
10

**ア**　原則として，当事者双方の意思の合致があれば，契約書を作成しなくても契約は有効に成立する。

**イ**　原則として，未成年者は，親などの法定代理人の同意を得ることなく，単独で有効な契約を締結することができる。

**ウ**　殺人の依頼などの公序良俗に反する内容の契約であっても，契約の当事者どうしが合意すれば，その契約は有効である。

① **ア**と**イ**と**ウ**
② **ア**と**イ**
③ **ア**と**ウ**
④ **イ**と**ウ**
⑤ **ア**
⑥ **イ**
⑦ **ウ**
⑧ 正しいものはない

**問３**　生徒Ｘは，地域の中小企業が経営上どのような工夫をしているのかを知るために，地元の和菓子屋を訪ねた。この和菓子屋は飲食店を展開する会社の子会社で，もともとは農業部門を担当するために設立された。その数年後，2000年近い歴史を有する神社の境内に，伝統的な町家を再現した和菓子の小売店兼飲食店を開設したのであった。素材にもこだわり，店に近い土地に整備した自社農園で無農薬栽培を行っており，その農園では地元の高齢者を雇用している。和菓子の素材には，自社農園で栽培した農産物の他，できる限り地元の産品を使うように心がけている。さらに，博物館を建て，この地域の歴史・文化に関する調査研究を行うNPO法人を設立し，学芸員を置いて文化事業に携わっている。また，地元の病院や介護施設に，患者や入所者の状態に合わせて作った和菓子を販売・提供している。この和菓子屋が行っている取り組みとして**適当でないもの**を，後の①～④のうちから一つ選べ。

| 11 |
|---|

①　地産地消

②　メセナ

③　国際標準化機構（ISO）の認証の取得

④　六次産業化

**問4**　新しい技術の登場とともに，経済の形も変化している。次の生徒Xと生徒Yの会話文を読み，会話文中の［A］～［C］に当てはまる語句の組合せとして最も適当なものを，後の①～⑧のうちから一つ選べ。［12］



X：「BRICSが新通貨発行の構想」というニュースの見出しを見たのだけど，新しい通貨が誕生するということ？

Y：BRICSとしての通貨を，デジタル通貨として導入する構想があるみたいだね。BRICSは国際社会での発言力や存在感が増してきているよね。新たにサウジアラビアやエジプトなどもBRICSのメンバーに加わったことが報道されていたよ。国際決済の多くがアメリカのドルで行われている現状に変化があるかもしれないよ。

X：［A］のようなまったく新しい金融サービスが登場して，［B］が浸透してきたことを考えると，BRICSがデジタル通貨の導入を検討していることも納得だな。

Y：けれど，［B］って，従来の通貨とはいろいろな点で違うよね？例えば，従来の通貨はそれぞれの国の政府によってその価値が担保されているでしょ。［B］の場合にはどうなっているのかな。

X：［B］は［C］の技術によってその価値が担保されているということだよ。［C］は，複数の参加者によって支払いの履歴などが記録される技術で，情報の改ざんが極めて困難だといわれているね。

Y：2000年代から第四次産業革命が始まったといわれているけれど，BRICSのようなグローバルサウスを中心としたグループがデジタル通貨を発行するっていうのは，国際社会にとっても，国際経済にとっても新しい時代の到来を思わせるニュースだね。

| | A | B | C |
|---|---|---|---|
| ① | IoT | 暗号資産 | ブロックチェーン |
| ② | フィンテック | 暗号資産 | ブロックチェーン |
| ③ | IoT | 電子マネー | ブロックチェーン |
| ④ | フィンテック | 電子マネー | ブロックチェーン |
| ⑤ | IoT | 暗号資産 | AI |
| ⑥ | フィンテック | 暗号資産 | AI |
| ⑦ | IoT | 電子マネー | AI |
| ⑧ | フィンテック | 電子マネー | AI |

## 第4問 「公共」の授業で，生徒Xたちのグループは，南北問題をテーマに探究活動を行った。これに関して，後の問い（**問1～4**）に答えよ。（配点 13）



**問1** 生徒Xたちは，南北問題について調べたことをもとに，グループ内で共有した問題意識についてまとめることにした。次の**生徒Xたちのメモ**中の [ A ] ・ [ B ] に当てはまるものの組合せとして最も適当なものを，後の①～④のうちから一つ選べ。 [ 13 ]

**生徒Xたちのメモ**

工業化の進んだ先進国と発展途上国の間の格差の問題である南北問題は，「古くて新しい問題」である。1964年に設立された国連貿易開発会議（UNCTAD）の第1回総会に提出されたプレビッシュ報告では，発展途上国の立場から [ A ] し， [ B ] が要求された。1970年代以降には，資源ナショナリズムを背景に経済発展をとげる新興国が出現し，モノカルチャー経済に依存せざるを得ない発展途上国との間に新たな格差がもたらされることとなった。

外国からの支援を受けて第二次世界大戦後の経済復興を果たした日本は，1960年代以降，援助を行う側の国となった。しかし，現在でも食料や水，医療，教育などの基本的なニーズを満たすことが困難な人々が多数存在している。半世紀を超える支援が行われているにもかかわらず，こうした問題が未解決なのはなぜなのかを考えなくてはならない。

① A 保護貿易の必要性を主張　B 非関税障壁の撤廃
② A 自由貿易体制を批判　B 一般特恵関税の導入
③ A 地域経済統合の重要性を主張　B 非関税障壁の撤廃
④ A ブロック経済を批判　B 一般特恵関税の導入

**問２**　生徒Xたちのグループでは，日本の政府開発援助（ODA）について調べ，次の**図**のようにまとめた。**図**中の**ア〜ウ**と，そこに入る後の支援内容**A〜C**の組合せとして最も適当なものを，後の①〜⑥のうちから一つ選べ。　14

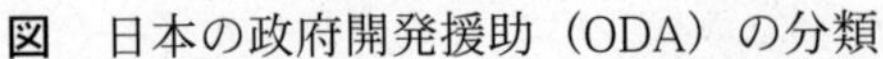
**図**　日本の政府開発援助（ODA）の分類

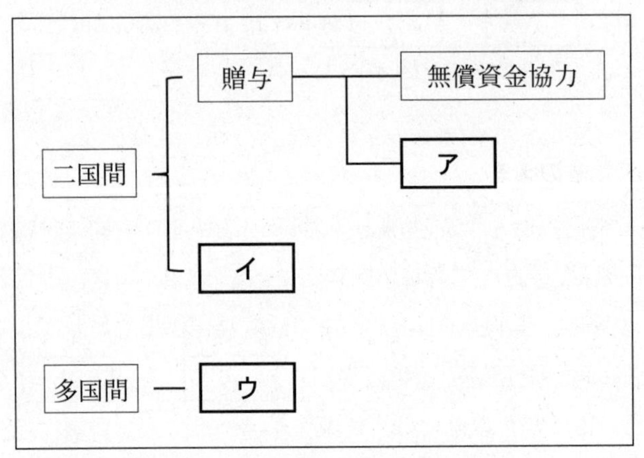


**A**　世界銀行やユニセフなどへの資金協力
**B**　青年海外協力隊の派遣や発展途上国の人材育成などの技術協力
**C**　有償資金協力

① ア－A　イ－B　ウ－C
② ア－A　イ－C　ウ－B
③ ア－B　イ－A　ウ－C
④ ア－B　イ－C　ウ－A
⑤ ア－C　イ－A　ウ－B
⑥ ア－C　イ－B　ウ－A

**問 3**　生徒Xたちのグループでは，南北問題へのアプローチの一つとしてフェアトレードがあげられると考え，日本におけるフェアトレードの認知について分析するために意識調査の統計を探して次の**表**を作成した。**表**を正しく読み取った上での意見の組合せとして最も適当なものを，後の ① 〜 ⑥ のうちから一つ選べ。 15

**表**　フェアトレードの知名度

| フェアトレードという言葉を見聞きしたことがあるか | 全国 | | 年代別（%） | | | | | |
|---|---|---|---|---|---|---|---|---|
| | 人 | % | 10 代 | 20 代 | 30 代 | 40 代 | 50 代 | 60 代 |
| 1. 知らない | 512 | 46.2 | 21.6 | 42.2 | 42.6 | 41.2 | 51.3 | 60.7 |
| 2. 見聞きしたことはあるが内容までは知らない | 289 | 26.1 | 27.0 | 25.5 | 30.7 | 31.1 | 23.6 | 19.2 |
| 3. 見聞きしたことがあり，内容も多少知っている | 244 | 22.0 | 35.1 | 22.4 | 17.8 | 24.4 | 23.1 | 17.9 |
| 4. 見聞きしたことがあり，内容もよく知っている | 63 | 5.7 | 16.2 | 9.9 | 8.9 | 3.4 | 2.0 | 2.1 |
| **知名度**（見聞きしたことがある人の割合＝２〜４の合計） | **596** | **53.8** | **78.4** | **57.8** | **57.4** | **58.8** | **48.7** | **39.3** |
| 2015 年度時点の知名度 | 583 | 54.2 | 61.5 | 55.2 | 56.5 | 60.0 | 50.5 | 46.6 |

（出所）　一般社団法人フェアトレードフォーラム「フェアトレードに関する意識・行動調査（2019）」により作成。

**ア**　フェアトレードという言葉を見聞きしたことはあるが内容までは知らないと答えた割合は10代より60代の方が少ないので，若年層をターゲットに啓発活動を推進するべきだ。

**イ**　フェアトレードという言葉を知らないと答えた人の割合が半数を超えた年代の数は2015年度時点と比べて増え，全国での知名度は2015年度時点よりも下がった。

**ウ**　フェアトレードという言葉を見聞きしたことがあると答えた人のうち，その内容までよく知っている人の割合は全年代でその他の回答と比較して最も低くなっている。

**エ**　フェアトレードの知名度は20代から40代にかけて最も高くなっているので，この年代の人々がどのような場面でフェアトレードについて知る機会を得ているのかを調査してはどうか。

①　アとイ　　②　アとウ　　③　アとエ
④　イとウ　　⑤　イとエ　　⑥　ウとエ

**問 4**　生徒Xたちは，フェアトレードの意義や日々の暮らしの背景にある経済のあり方について次の会話を交わしている。会話文中の下線部ⓐ～ⓒの意見は，近代社会の発展に伴い生じた矛盾や不平等の中で，人間の自由や尊厳について論じた近代の思想家たちの主張と結びつけることができる。下線部ⓐ～ⓒの意見は，これらの思想家と主張を表した後の記述**P**～**R**のどれと結びつくか。その組合せとして最も適当なものを，後の ① ～ ⑥ のうちから一つ選べ。 16

X：アフリカのカカオ農園で働く人たちの多くがチョコレートを食べたことがないという話を聞いたことがあるけど，まさに南北問題を象徴していると思うな。チョコレートをめぐる経済状況はあまりにもアンバランスだよ。ⓐこういう不平等な状況に対して無条件に何とかしなければならないと思う人は，決して少なくないと思う。

Y：フェアトレードの考え方はこうした状況を構造的に変えるための問題提起になりそうだね。ⓑ南北問題は自由な経済活動の負の産物といえるけれど，自由な経済活動と格差という矛盾を克服する方法としてフェアトレードを利用すれば，国際貿易に新しい秩序をもたらすことができるかもしれないよ。

Z：僕は，現代の自由な経済活動って，経済力のある人たちの身勝手な自由なのではないかと思うな。こういう行きすぎた自由な経済活動に一定の歯止めをかける試みとして，フェアトレードのような取り組みを位置づけてはどうかな。ⓒ貧しい人々からの搾取で成立する自由な経済より，商品の生産，流通，販売のすべてに関わる人たちが一定のメリットを得られる方法で成立する自由な経済の方が，たとえその商品の値段が多少上がったとしても，理にかなっていると思う人は多いかもしれないよ。

P　ミルの質的功利主義

Q　ヘーゲルの弁証法

R　カントの定言命法

① ⓐ－P　ⓑ－Q　ⓒ－R
② ⓐ－P　ⓑ－R　ⓒ－Q
③ ⓐ－Q　ⓑ－P　ⓒ－R
④ ⓐ－Q　ⓑ－R　ⓒ－P
⑤ ⓐ－R　ⓑ－P　ⓒ－Q
⑥ ⓐ－R　ⓑ－Q　ⓒ－P

# MEMO

# MEMO

(キリトリ線)

# 東進　共通テスト実戦問題集　公共　　解答用紙

マーク例

| 良い例 | 悪い例 |
|---|---|
| ● | ⊙ ◔ ○ ⊗ |

受験番号を記入し，その下のマーク欄にマークしなさい。

| 受験番号欄 | | | | |
|---|---|---|---|---|
| 千位 | 百位 | 十位 | 一位 | 英字 |
| | | | | |
| − | ⓪ | ⓪ | ⓪ | Ⓐ |
| ① | ① | ① | ① | Ⓑ |
| ② | ② | ② | ② | Ⓒ |
| ③ | ③ | ③ | ③ | Ⓗ |
| ④ | ④ | ④ | ④ | Ⓚ |
| ⑤ | ⑤ | ⑤ | ⑤ | Ⓜ |
| ⑥ | ⑥ | ⑥ | ⑥ | Ⓡ |
| ⑦ | ⑦ | ⑦ | ⑦ | Ⓤ |
| ⑧ | ⑧ | ⑧ | ⑧ | Ⓧ |
| ⑨ | ⑨ | ⑨ | ⑨ | Ⓨ |
| − | − | − | − | Ⓩ |

氏名・フリガナ，試験場コードを記入しなさい。

| フリガナ | | | | | | |
|---|---|---|---|---|---|---|
| 氏名 | | | | | | |
| 試験場コード | 十万位 | 万位 | 千位 | 百位 | 十位 | 一位 |
| | | | | | | |

注意事項
1　訂正は，消しゴムできれいに消し，消しくずを残してはいけません。
2　所定欄以外にはマークしたり，記入したりしてはいけません。
3　汚したり，折りまげたりしてはいけません。

| 解答番号 | 1 | 2 | 3 | 4 | 5 | 6 | 7 | 8 | 9 | 0 | a | b |
|---|---|---|---|---|---|---|---|---|---|---|---|---|
| 1 | ① | ② | ③ | ④ | ⑤ | ⑥ | ⑦ | ⑧ | ⑨ | ⓪ | ⓐ | ⓑ |
| 2 | ① | ② | ③ | ④ | ⑤ | ⑥ | ⑦ | ⑧ | ⑨ | ⓪ | ⓐ | ⓑ |
| 3 | ① | ② | ③ | ④ | ⑤ | ⑥ | ⑦ | ⑧ | ⑨ | ⓪ | ⓐ | ⓑ |
| 4 | ① | ② | ③ | ④ | ⑤ | ⑥ | ⑦ | ⑧ | ⑨ | ⓪ | ⓐ | ⓑ |
| 5 | ① | ② | ③ | ④ | ⑤ | ⑥ | ⑦ | ⑧ | ⑨ | ⓪ | ⓐ | ⓑ |
| 6 | ① | ② | ③ | ④ | ⑤ | ⑥ | ⑦ | ⑧ | ⑨ | ⓪ | ⓐ | ⓑ |
| 7 | ① | ② | ③ | ④ | ⑤ | ⑥ | ⑦ | ⑧ | ⑨ | ⓪ | ⓐ | ⓑ |
| 8 | ① | ② | ③ | ④ | ⑤ | ⑥ | ⑦ | ⑧ | ⑨ | ⓪ | ⓐ | ⓑ |
| 9 | ① | ② | ③ | ④ | ⑤ | ⑥ | ⑦ | ⑧ | ⑨ | ⓪ | ⓐ | ⓑ |
| 10 | ① | ② | ③ | ④ | ⑤ | ⑥ | ⑦ | ⑧ | ⑨ | ⓪ | ⓐ | ⓑ |

| 解答番号 | 1 | 2 | 3 | 4 | 5 | 6 | 7 | 8 | 9 | 0 | a | b |
|---|---|---|---|---|---|---|---|---|---|---|---|---|
| 11 | ① | ② | ③ | ④ | ⑤ | ⑥ | ⑦ | ⑧ | ⑨ | ⓪ | ⓐ | ⓑ |
| 12 | ① | ② | ③ | ④ | ⑤ | ⑥ | ⑦ | ⑧ | ⑨ | ⓪ | ⓐ | ⓑ |
| 13 | ① | ② | ③ | ④ | ⑤ | ⑥ | ⑦ | ⑧ | ⑨ | ⓪ | ⓐ | ⓑ |
| 14 | ① | ② | ③ | ④ | ⑤ | ⑥ | ⑦ | ⑧ | ⑨ | ⓪ | ⓐ | ⓑ |
| 15 | ① | ② | ③ | ④ | ⑤ | ⑥ | ⑦ | ⑧ | ⑨ | ⓪ | ⓐ | ⓑ |
| 16 | ① | ② | ③ | ④ | ⑤ | ⑥ | ⑦ | ⑧ | ⑨ | ⓪ | ⓐ | ⓑ |
| 17 | ① | ② | ③ | ④ | ⑤ | ⑥ | ⑦ | ⑧ | ⑨ | ⓪ | ⓐ | ⓑ |
| 18 | ① | ② | ③ | ④ | ⑤ | ⑥ | ⑦ | ⑧ | ⑨ | ⓪ | ⓐ | ⓑ |
| 19 | ① | ② | ③ | ④ | ⑤ | ⑥ | ⑦ | ⑧ | ⑨ | ⓪ | ⓐ | ⓑ |
| 20 | ① | ② | ③ | ④ | ⑤ | ⑥ | ⑦ | ⑧ | ⑨ | ⓪ | ⓐ | ⓑ |

| 解答番号 | 1 | 2 | 3 | 4 | 5 | 6 | 7 | 8 | 9 | 0 | a | b |
|---|---|---|---|---|---|---|---|---|---|---|---|---|
| 21 | ① | ② | ③ | ④ | ⑤ | ⑥ | ⑦ | ⑧ | ⑨ | ⓪ | ⓐ | ⓑ |
| 22 | ① | ② | ③ | ④ | ⑤ | ⑥ | ⑦ | ⑧ | ⑨ | ⓪ | ⓐ | ⓑ |
| 23 | ① | ② | ③ | ④ | ⑤ | ⑥ | ⑦ | ⑧ | ⑨ | ⓪ | ⓐ | ⓑ |
| 24 | ① | ② | ③ | ④ | ⑤ | ⑥ | ⑦ | ⑧ | ⑨ | ⓪ | ⓐ | ⓑ |
| 25 | ① | ② | ③ | ④ | ⑤ | ⑥ | ⑦ | ⑧ | ⑨ | ⓪ | ⓐ | ⓑ |
| 26 | ① | ② | ③ | ④ | ⑤ | ⑥ | ⑦ | ⑧ | ⑨ | ⓪ | ⓐ | ⓑ |
| 27 | ① | ② | ③ | ④ | ⑤ | ⑥ | ⑦ | ⑧ | ⑨ | ⓪ | ⓐ | ⓑ |
| 28 | ① | ② | ③ | ④ | ⑤ | ⑥ | ⑦ | ⑧ | ⑨ | ⓪ | ⓐ | ⓑ |
| 29 | ① | ② | ③ | ④ | ⑤ | ⑥ | ⑦ | ⑧ | ⑨ | ⓪ | ⓐ | ⓑ |
| 30 | ① | ② | ③ | ④ | ⑤ | ⑥ | ⑦ | ⑧ | ⑨ | ⓪ | ⓐ | ⓑ |

※複数回使用する場合は複写してご利用ください。

東進

# 共通テスト実戦問題集
# 公共

## 解答解説編
Answer / Explanation

PUBLIC

東進ハイスクール・東進衛星予備校 講師
**執行 康弘**
SHIGYO Yasuhiro

# はじめに

## ◆出題傾向から「オリジナル予想問題」を掲載！

本書は，大学入学共通テスト（以下，共通テスト）と同じ形式・レベルのオリジナル問題を4回分収録した共通テスト「公共」分野の対策問題集である。

2025年度（令和7年度）「共通テスト」試作問題（2022年発表）の方向性を踏まえつつ，その出題傾向・形式を想定し，作問した。

## ◆一般常識だけでは通用しない！

「公民」科目は，2025年度の共通テストより「**公共, 倫理**」「**公共, 政治・経済**」,「地理歴史」との複合科目である「**地理総合，歴史総合，公共**」に再編され，試験が実施される。その中で，試作問題によれば，「公共，倫理」「公共，政治・経済」の「公共」の配点は**25点**，解答にかけられる時間は試験時間60分のうち15分程度である。「地理総合，歴史総合，公共」で「公共を選択した場合は，配点が**50点**，解答にかけられる時間は試験時間60分のうち30分程度である。

「公共」という科目に対しては，これまでの「現代社会」のように「一般常識で対応できるだろう」という印象を持っている人がいるかもしれない。しかし，幅広い観点から様々な分野について問う問題や，しっかりとした科目学習をもとに思考させる問題などが出題されると思われる。「公共」は**一般常識だけではどうにもならない科目**なのだ。「政治・経済」分野を中心に，着実な学習が求められる。特に，制度の内容や確立の背景・流れを問う問題は，今後も出題が予想される。

共通テストでは，限られた試験時間の中で，正確に解答する力を求められる。知識を丸暗記するのではなく，正確な理解を積み重ねていく学習でなければ，試験本番に対応することは難しい。「**教科書の学習**」「**試験本番を想定した問題に取り組むこと**」を柱に，学習に取り組んでほしい。

## ◆「知っているつもり」から「本番想定型」の学習へ

「公共」に限らず，公民科目について共通していえるのは，漫然と用語だけを「知っている」気になり，その背景や思想・理論・歴史を知らないために選択肢で「知っている」単語に惑わされて正解にたどり着けない，ということである。そのような状態のまま，直前期を迎えることがあってはならない。

「知っているつもり」になっている用語や事項の理解を深めるには，試験本番までに，１日１項目でもいいので**必ず教科書を読む**こと。制度・仕組みの定義はもちろん，その存在理由，問題点，その問題点に対する対策について，しっかりと教科書から読み取っていく姿勢を心がけてほしい。

共通テストでは，知識を前提に**情報を読み取る力**が試される統計資料問題や，**思考力**を問うタイプの設問が今後も出題されるだろう。そのような設問形式への対応を，試験本番までの限られた時間の中で行う必要がある。**試験本番を想定した問題**に取り組み，**出題形式に慣れる**ことは，合格点を得るために不可欠となる。

試験時間内に正答を導く**情報処理能力**も求められる。これに対処するためには，何が問われているのかを正しく読み取り，それに基づき解答のプロセスを論理的に組み立てる力，すなわち**読解力**が必要となる。読解力を高めれば，解答速度，情報処理能力も向上する。そのためには良質な問題を数多く解くことが必要である。

東進「**共通テスト本番レベル模試**」（「全国統一高校生テスト」を含む年６回実施）は，共通テストと同一レベル・同一形式の問題を繰り返し出題している。ぜひ受験してほしい。その後は，映像による**解説授業**も必ず受講し，「**理解の整理**」を行うこと。模試や本書で実戦演習を重ねていく実戦対応型の学習が，試験本番での高得点につながる。

受験生の皆さんの合格を，心から願っている。

2024年６月　執行康弘

この画像をスマートフォン等で読み取ると，ワンポイント解説動画が視聴できます（以下同）。

# 本書の特長

## ❶ 実戦力が身につく問題集

本書の制作にあたっては，「はじめに」で述べた通り，共通テストの出題傾向・形式を踏まえた出題予想を行い，共通テストと同じ形式・レベルを想定したオリジナル問題を４回分用意した。

共通テストで高得点を得るためには，基礎知識はもとより，思考力，情報処理能力，読解力など総合的な力が必要となる。そのような力を養うためには，何度も問題演習を繰り返し，出題形式に慣れ，出題の意図をつかんでいかなければならない。本書に掲載されている問題は，そのトレーニングに最適なものが厳選されている。本書を利用し，何度も問題演習に取り組むことで，実戦力を身につけていこう。

## ❷ 東進実力講師によるワンポイント解説動画

「はじめに」と各回の解答解説冒頭に，ワンポイント解説動画のＱＲコードを掲載。スマートフォンなどで読み取れば，解説動画が視聴できる仕組みになっている。解説を読む前にまずは動画を見て，問題の全体的なイメージや概要をつかもう。

**【解説動画の内容】**

| 解説動画 | ページ | 解説内容 |
|---|---|---|
| はじめに | 3 | 共通テスト「公共」の全体概観 |
| 第１回 | 15 | ワンポイント解説（概観講義） |
| 第２回 | 33 | ワンポイント解説（概観講義） |
| 第３回 | 49 | ワンポイント解説（概観講義） |
| 第４回 | 69 | ワンポイント解説（概観講義） |

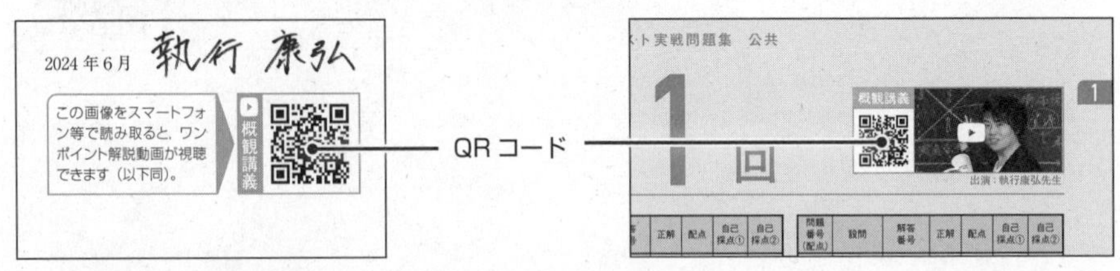

## ❸ 詳しくわかりやすい解説

本書では，入試問題を解くための知識や正誤のポイントが習得できるよう，工夫を凝らしている。的を射たわかりやすい解説を読めば，一目で正解の理由が明確になるだろう。

**【解説の構成】**

**❶解答一覧**

正解と配点の一覧表。各回の扉に掲載。マークシートの答案を見ながら，自己採点欄に採点結果を記入しよう（7ページ参照）。

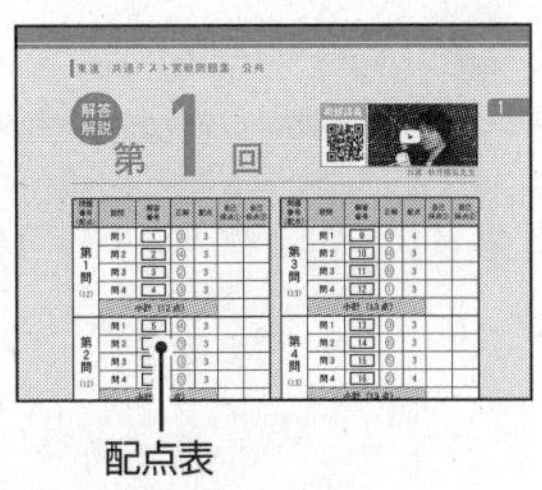


**❷ねらい**

設問ごとの解説に入る前に，大問別に出題のねらいや概要を説明する。必ず熟読して出題者の意図や視点をつかめるようにしてほしい。全体的な大問解説の後，設問ごとに解説していく。設問ごとの解説には，そこで問われている知識や正誤のポイントが的確に，かつわかりやすく説明されている。太字になっている語句にも注意を払って読み込んでほしい。

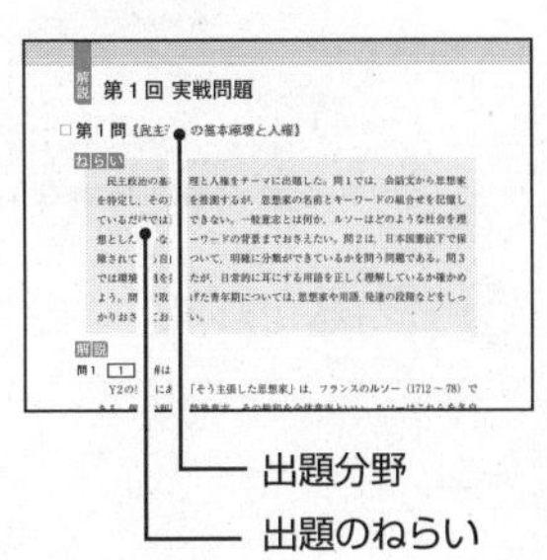


**❸整　理**

必要に応じて，その設問で扱われていた知識や事項の「まとめ」や，内容や論点に関する統計資料やフローチャートを掲載している。特に,「政治・経済」分野では,「統計資料問題」が大きな得点源になる。解説文と合わせて必ず目を通し，原理・原則，制度・仕組み，経済現象とその発生メカニズムなどを徹底的に理解してほしい。

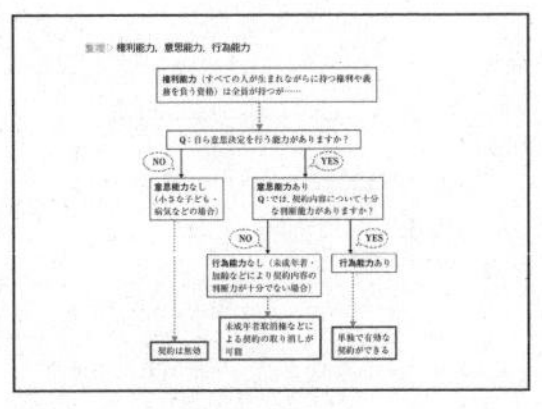

# 本書の使い方

## 別冊　問題編

本書は，別冊に問題，本冊に解答解説が掲載されている。まずは，別冊の問題を解くところから始めよう。

### ❶ 注意事項を読む

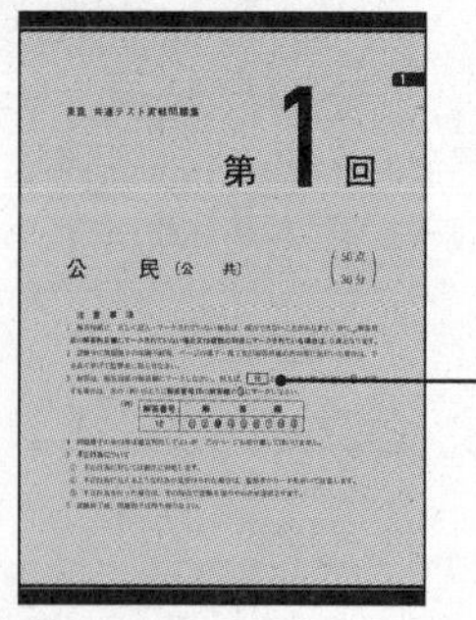


注意事項

**◀問題編 扉**

問題編各回の扉に，問題を解くにあたっての注意事項を掲載。本番同様，問題を解く前にしっかりと読もう。

### ❷ 問題を解く

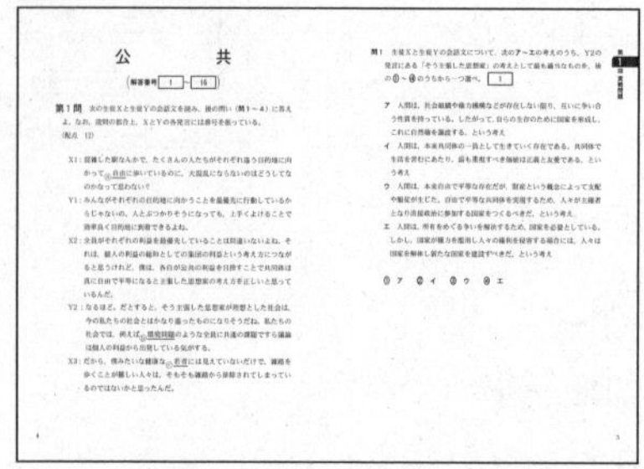


**◀問題（全４回収録）**

実際の共通テストの問題を解く状況に近い条件で問題を解こう。タイマーや時計などを用意し（実際の解答時間は15分または30分程度），時間厳守で解答すること。

**◀マークシート**

解答は本番と同じように，付属のマークシートに記入するようにしよう。複数回実施する時は，コピーをして使おう。

## 本冊　解答解説編

### ❶ 採点をする／ワンポイント解説動画（概観講義）を視聴する

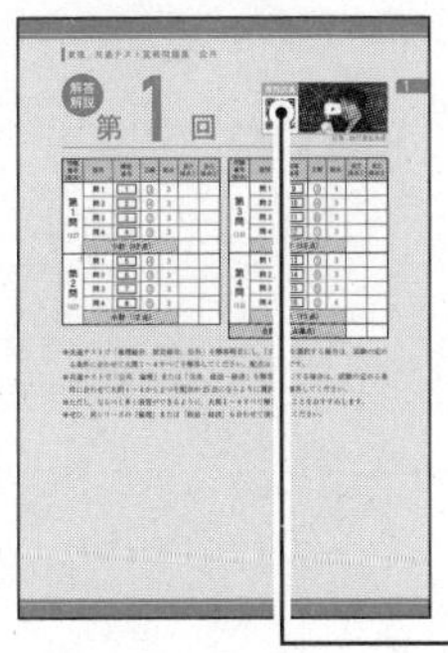

**◀解答解説編 扉**

各回の扉には，正解と配点の一覧表が掲載されている。問題を解き終わったら，正解と配点を見て採点しよう。また，右上部のＱＲコードをスマートフォンなどで読み取ると，著者によるワンポイント解説動画を見ることができる。

QR コード（扉のほかに，「はじめに」にも掲載）

### ❷ 解説を読む

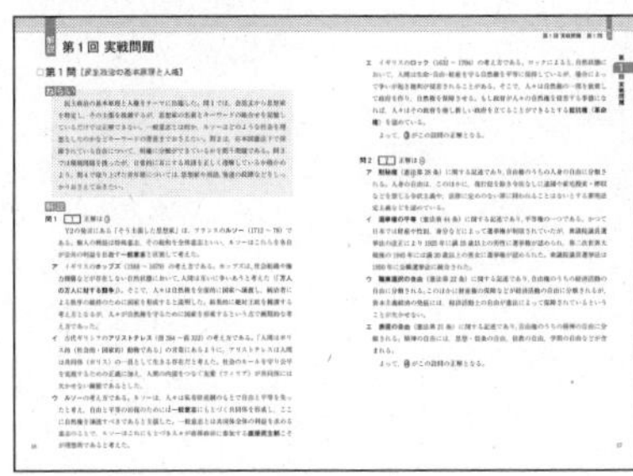

**◀解答解説**

わからなかったり知識が曖昧だったりした問題は，たとえまぐれで正解したとしても必ず解説を熟読し，解説中の知識や解き方のポイントを身につけよう。また，「出題者は何を問うために設問を作ったのか」という視点で問題を見直そう。

### ❸ 復習する

再びタイマーや時計などを用意して，マークシートを使いながら解き直そう。

# 目次

# 特集①～共通テストについて～

## 1 大学入試の種類

大学入試は「**一般選抜**」と「**特別選抜**」に大別される。一般選抜は高卒（見込）・高等学校卒業程度認定試験合格者（旧大学入学資格検定合格者）ならば受験できるが，特別選抜は大学の定めた条件を満たさなければ受験できない。

### ❶一般選抜

一般選抜は１月に実施される「**共通テスト**」と，主に２月から３月にかけて実施される大学独自の「**個別学力検査**」（以下，**個別試験**）のことを指す。国語，地理歴史（以下，地歴），公民，数学，理科，外国語といった学力試験による選抜が中心となる。

国公立大では，１次試験で共通テスト，２次試験で個別試験を課し，これらを総合して合否が判定される。

一方，私立大では，大きく分けて①**個別試験のみ**，②**共通テストのみ**，③**個別試験と共通テスト**，の３通りの型があり，②③を「**共通テスト利用方式**」と呼ぶ。

### ❷特別選抜

特別選抜は「**学校推薦型選抜**」と「**総合型選抜**」に分かれる。

学校推薦型選抜とは，出身校の校長の推薦により，主に調査書で合否を判定する入試制度である。大学が指定した学校から出願できる「**指定校制推薦**」と，出願条件を満たせば誰でも出願できる「**公募制推薦**」の大きく２つに分けられる。

総合型選抜は旧「ＡＯ入試」のことで，大学が求める人物像（アドミッション・ポリシー）と受験生を照らし合わせて合否を判定する入試制度である。

かつては原則として学力試験が免除されていたが，近年は学力要素の適正な把握が求められ，国公立大では共通テストを課すことが増えてきている。

## ❷ 共通テストの基礎知識

**❶共通テストとは**

共通テストとは，「独立行政法人 大学入試センター」が運営する**全国一斉の学力試験（マークシート方式）**である。

2013年に教育改革の提言がなされ，大学入試改革を含む教育改革が本格化した。そこでは，これからの時代に必要な力として，①知識･技能の確実な習得，②（①を基にした）思考力・判断力・表現力，③主体性を持って多様な人々と協働して学ぶ態度，の「**学力の三要素**」が挙げられている。共通テストでは，これらの要素を評価するための問題が出題される。

さらに，「学習指導要領」が改訂されたことに伴い，2025年度入試からは，新学習指導要領（新課程）による入試が始まる。共通テストに関する大きな変更点としては，「入試教科・科目」の変更と「試験時間」の変更が挙げられる。

**❷新課程における変更点**

**【教科】**

・「情報」の追加

**【科目】**

・「歴史総合」「地理総合」「公共」の新設
　※必履修科目を含む6選択科目に再編
・数学②は「数学Ⅱ，数学B，数学C」1科目に
　※「簿記・会計」「情報関係基礎」の廃止

**【試験時間】**

・国　語：80分→ 90分
・数学②：60分→ 70分
・情　報：60分
・理科は1グループに試験時間がまとめられる

## ❸出題教科・科目の出題方法（2025 年度入試）

| 教科 | 出題科目 | 出題方法<br>（出題範囲，出題科目選択の方法等） | 試験時間<br>（配点） |
|---|---|---|---|
| 国語 | 『国語』 | ・「現代の国語」及び「言語文化」を出題範囲とし，近代以降の文章及び古典（古文，漢文）を出題する。 | 90分（200点）<br>**（注１）** |
| 地理歴史<br><br>公民 | 『地理総合，地理探究』<br>『歴史総合，日本史探究』<br>『歴史総合，世界史探究』<br>『公共，倫理』<br>『公共，政治・経済』 →(b)<br>『地理総合／歴史総合／公共』 →(a)<br><br>(a)：必履修科目を組み合わせた出題科目<br>(b)：必履修科目と選択科目を組み合わせた出題科目 | ・左記出題科目の６科目のうちから最大２科目を選択し，解答する。<br>・(a)の『地理総合／歴史総合／公共』は，「地理総合」，「歴史総合」及び「公共」の３つを出題範囲とし，そのうち２つを選択解答する（配点は各50点）。<br>・2科目を選択する場合，以下の組合せを選択することはできない。<br>(b)のうちから2科目を選択する場合<br>『公共，倫理』と『公共，政治・経済』の組合せを選択することはできない。<br>(b)のうちから1科目及び(a)を選択する場合<br>(b)については，(a)で選択解答するものと同一名称を含む科目を選択することはできない。**（注２）**<br>・受験する科目数は出願時に申し出ること。 | 1科目選択<br>60分（100点）<br><br>2科目選択<br>130分**（注３）**<br>（うち解答時間120分）（200点） |
| 数学① | 『数学Ⅰ，数学A』<br>『数学Ⅰ』 | ・左記出題科目の２科目のうちから１科目を選択し，解答する。<br>・「数学A」については，図形の性質，場合の数と確率の２項目に対応した出題とし，全てを解答する。 | 70分（100点） |
| 数学② | 『数学Ⅱ，数学B，数学C』 | ・「数学B」及び「数学C」については，数列（数学B），統計的な推測（数学B），ベクトル（数学C）及び平面上の曲線と複素数平面（数学C）の４項目に対応した出題とし，４項目のうち３項目の内容の問題を選択解答する。 | 70分（100点） |
| 理科 | 『物理基礎／化学基礎／生物基礎／地学基礎』<br>『物理』<br>『化学』<br>『生物』<br>『地学』 | ・左記出題科目の５科目のうちから最大２科目を選択し，解答する。<br>・『物理基礎／化学基礎／生物基礎／地学基礎』は，「物理基礎」，「化学基礎」，「生物基礎」及び「地学基礎」の４つを出題範囲とし，そのうち２つを選択解答する（配点は各50点）。<br>・受験する科目数は出願時に申し出ること。 | 1科目選択<br>60分（100点）<br><br>2科目選択<br>130分**（注３）**<br>（うち解答時間120分）（200点） |
| 外国語 | 『英語』<br>『ドイツ語』<br>『フランス語』<br>『中国語』<br>『韓国語』 | ・左記出題科目の５科目のうちから１科目を選択し，解答する。<br>・『英語』は，「英語コミュニケーションⅠ」，「英語コミュニケーションⅡ」及び「論理・表現Ⅰ」を出題範囲とし，【リーディング】及び【リスニング】を出題する。受験者は，原則としてその両方を受験する。その他の科目については，『英語』に準じる出題範囲とし，【筆記】を出題する。<br>・科目選択に当たり，『ドイツ語』，『フランス語』，『中国語』及び『韓国語』の問題冊子の配付を希望する場合は，出願時に申し出ること。 | 『英語』<br>（【リーディング】<br>80分（100点）<br>【リスニング】<br>60分**（注４）**<br>（うち解答時間30 分）（100点））<br><br>『ドイツ語』『フランス語』『中国語』『韓国語』<br>【筆記】<br>80分（200点） |
| 情報 | 『情報Ⅰ』 | | 60分（100点） |

**（備考）**『　』は大学入学共通テストにおける出題科目を表し，「　」は高等学校学習指導要領上設定されている科目を表す。
また，『地理総合／歴史総合／公共』や『物理基礎／化学基礎／生物基礎／地学基礎』にある“／”は，一つの出題科目の中で複数の出題範囲を選択解答することを表す。

**（注１）**『国語』の分野別の大問数及び配点は，近代以降の文章が３問110点，古典が２問90点（古文・漢文各45点）とする。

**（注２）** 地理歴史及び公民で2科目を選択する受験者が，(b)のうちから１科目及び(a)を選択する場合において，選択可能な組合せは以下のとおり。
・(b)のうちから『地理総合，地理探究』を選択する場合，(a)では「歴史総合」及び「公共」の組合せ
・(b)のうちから『歴史総合，日本史探究』又は『歴史総合，世界史探究』を選択する場合，(a)では「地理総合」及び「公共」の組合せ
・(b)のうちから『公共，倫理』又は『公共，政治・経済』を選択する場合，(a)では「地理総合」及び「歴史総合」の組合せ

**（注３）** 地理歴史及び公民並びに理科の試験時間において2科目を選択する場合は，解答順に第1解答科目及び第2解答科目に区分し各60分間で解答を行うが，第1解答科目及び第2解答科目の間に答案回収等を行うために必要な時間を加えた時間を試験時間とする。

**（注４）**【リスニング】は，音声問題を用い30分間で解答を行うが，解答開始前に受験者に配付したICプレーヤーの作動確認・音量調節を受験者本人が行うために必要な時間を加えた時間を試験時間とする。
なお，『英語』以外の外国語を受験した場合，【リスニング】を受験することはできない。

# 特集②～共通テスト「公共」の傾向と対策～

## ❶ 共通テスト「公共」の特徴

「公共」は，2022 年度より高校での学習がスタートした新しい公民科目である。18 歳への選挙権・成年年齢引き下げなどを受け，これからの社会・世界を主体的に担っていくために，現代の社会の諸課題を知り，考え，自ら選択・判断する「思考力」や「観点」を養う科目といえる。

共通テストでは，2025 年度より①「地理総合，歴史総合，公共」，②「公共，倫理」，③「公共，政治・経済」という形で公民科目が再編された。「公共」は，①の「公共」が大問 4 つで配点は 50 点（「公共」を選択した場合），②③の「公共」は大問 2 つで，配点は 25 点となっている。

共通テスト「公共」では，試作問題から見られるように，知識そのものよりも与えられた条件をもとにした**論理的な思考力を問う問題**や，組合せを選ぶ形式の問題が多く，**知識をベースにした判断力と思考力を要求する出題**となっている。受験生には時間的な余裕のないものであり，まさに「時間との戦い」となるだろう。青年期や文化の特徴など，過去のセンター試験や共通テストの「現代社会」で取り上げられた事項が出題されている一方で，論理的な思考力を問う出題は確実に出題されている。全体として，**一般常識で判断できる設問はほとんどない**。「政治・経済」分野，「現代社会の諸問題」を中心に，正確な知識の理解のみならず**判断力と思考力**が求められる。

共通テスト「公共」試作問題（2022年公表）出題内容・枠組み

| 大問 | 主なテーマ | 小問 | 分野 | 主な内容 | 知識問題 | 思考・読解問題 | 形式 | 配点 | 備考 |
|---|---|---|---|---|---|---|---|---|---|
| 第 1 問 | 多様性と共通性 | 問 1 | 思想史 | カント | ○ | ○ | 新 | 4 | 共通問題 |
| | | 問 2 | 政治 | 多様性 | ○ | ○ | 新 | 3 | |
| | | 問 3 | 国際経済 | SDGs | ○ | ○ | 新 | 3 | |
| | | 問 4 | 政治 | 民法 | ○ | | 新 | 3 | |
| 第 2 問 | 政治分野 | 問 1 | 政治 | 政治原理 | ○ | | 新 | 3 | |
| | | 問 2 | 政治 | 統治機構 | ○ | | 旧 | 3 | |
| | | 問 3 | 政治 | 政党 | ○ | ○ | 新 | 3 | |
| | | 問 4 | 政治 | 投票 | | ○ | 新 | 3 | |

| 大問 | 主なテーマ | 小問 | 分野 | 主な内容 | 知識問題 | 思考･読解問題 | 形式 | 配点 | 備考 |
|---|---|---|---|---|---|---|---|---|---|
| 第３問 | 経済分野 | 問１ | 経済 | 動機と結果 | | ○ | 新 | 3 | |
| | | 問２ | 経済 | 合成の誤謬 | | ○ | 新 | 3 | |
| | | 問３ | 経済 | 経済政策 | ○ | ○ | 新 | 3 | |
| | | 問４ | 経済 | 思考実験 | ○ | ○ | 新 | 4 | |
| 第４問 | 少子高齢化 | 問１ | 思想史 | アリストテレス | ○ | ○ | 新 | 3 | 共通問題 |
| | | 問２ | 現代社会 | 少子化 | | ○ | 新 | 3 | |
| | | 問３ | 現代社会 | 少子化 | | ○ | 新 | 3 | |
| | | 問４ | 現代社会 | 少子化 | | ○ | 新 | 3 | |

※共通問題：「公共、政治・経済」「公共、倫理」の「公共」について問題が共通している。

## ❷ 共通テスト「公共」の傾向と対策

「公共」では非常に幅広い分野から出題される。確かな知識とその理解をベースとして，①**文章を読む力（読解力）**，②**時間との戦い**，が勝負のカギを握る。では，出題の範囲や形式が多様な「公共」について，どのように学習に取り組めばよいだろうか？

### 対策１ 教科書をしっかりと読もう！

まず，**教科書を熟読**することで**知識の定着**を図ろう。その際，ただ用語を暗記するだけでなく，例えば「なぜ選挙制度はこのような仕組みになっているのか？」など，自分で考え，問いかけることを意識して学習に取り組んでほしい。「覚えること」から「自分で考えること」へとシフトしていくことが大切である。

教科書は，掲載されている順番通りに読み進める必要はない。例えば，「国際政治」「国際経済」の分野は，多くの教科書では後半で取り扱っていることが多く，学習が手薄になりがちで，結果的に苦手意識を持つ受験生が多い。最初に取り組んでおくとよいだろう。それぞれ独立した項目なので取り組みやすいと思う。

教科書が難しいと感じる場合は**資料集**を活用しよう。資料集では統計データに触れるようにすることも大切である。公民科目そのものに苦手意識がある人は，中学公民のやり直しもおすすめしたい。ざっと総ざらいして，一通りの内容をおさえることで，苦手意識を取り払ってほしい。

対策2 **模試を積極的に活用しよう！**

「はじめに」でも述べたように，共通テストでは制限時間内に正答を導く情報処理能力が求められる。これに対応するためには，確かな読解力が必要となる。

**模試**は，読解力を鍛えるには打ってつけである。ぜひ受験してほしい。良質で実戦的な問題演習を数多く積み重ねていく中で，読解力が高められていく。また，時間の使い方を身につけることも大切である。その「慣れ」が試験本番で活きてくる。このような「**教科書＋模試**」の２本立ての学習が有効な対策となる。

対策3 **時間配分に注意しよう！**

最後の問題までたどり着けるだけの**素早く読んでいく力**を，模試や本書で鍛えてほしい。また，**解く順番**も考えて取り組むことも大切である。

自己採点をしている時に，「わかっていたのに間違えた」と思うことがあるかもしれない。選択肢を自分の都合のよいように解釈した結果，「わかっていたのに間違えた」ことになることが多いと思われる。１点を争う共通テストで，それは致命的なミスとなる。ただ速く解くことが重要ではない。一つひとつの選択肢を吟味し，真摯に向き合ってほしい。

共通テスト「公共」で，「勉強しなくても一般常識だけで何とかなること」は限られている。また，公民は扱われている言葉が難しいところがある。地理や歴史と違い，最初の一歩目を踏み出しにくい教科かもしれない。けれども，いざ踏み出してしまえば，この教科がいかに重要なのかがわかり，学習がより進むであろう。

以上のことをしっかりと取り組めば，合格点は取れる。どうか頑張ってほしい！

# 解答解説 第1回 

出演：執行康弘先生

| 問題番号（配点） | 設問 | 解答番号 | 正解 | 配点 | 自己採点① | 自己採点② |
|---|---|---|---|---|---|---|
| 第1問（12） | 問1 | 1 | ③ | 3 | | |
| | 問2 | 2 | ④ | 3 | | |
| | 問3 | 3 | ② | 3 | | |
| | 問4 | 4 | ③ | 3 | | |
| | 小計（12点） | | | | | |
| 第2問（12） | 問1 | 5 | ④ | 3 | | |
| | 問2 | 6 | ③ | 3 | | |
| | 問3 | 7 | ③ | 3 | | |
| | 問4 | 8 | ⑤ | 3 | | |
| | 小計（12点） | | | | | |

| 問題番号（配点） | 設問 | 解答番号 | 正解 | 配点 | 自己採点① | 自己採点② |
|---|---|---|---|---|---|---|
| 第3問（13） | 問1 | 9 | ③ | 4 | | |
| | 問2 | 10 | ④ | 3 | | |
| | 問3 | 11 | ⑧ | 3 | | |
| | 問4 | 12 | ① | 3 | | |
| | 小計（13点） | | | | | |
| 第4問（13） | 問1 | 13 | ③ | 3 | | |
| | 問2 | 14 | ⑥ | 3 | | |
| | 問3 | 15 | ⑤ | 3 | | |
| | 問4 | 16 | ② | 4 | | |
| | 小計（13点） | | | | | |
| 合計（50点満点） | | | | | | |

※共通テストで「地理総合，歴史総合，公共」を解答科目にし，「公共」を選択する場合は，試験の定める条件に合わせて大問１～４すべてを解答してください。配点は50点です。

※共通テストで「公共，倫理」または「公共，政治・経済」を解答科目にする場合は，試験の定める条件に合わせて大問１～４から２つを配点が25点になるように選択し，解答してください。

※ただし，なるべく多く演習ができるように，大問１～４すべて解答することをおすすめします。

※ぜひ，同シリーズの『倫理』または『政治・経済』も合わせて演習してください。

# 第１回 実戦問題

## □第１問【民主政治の基本原理と人権】

**ねらい**

民主政治の基本原理と人権をテーマに出題した。問１では，会話文から思想家を特定し，その主張を推測するが，思想家の名前とキーワードの組合せを記憶しているだけでは正解できない。一般意志とは何か，ルソーはどのような社会を理想としたのかなどキーワードの背景までおさえたい。問２は，日本国憲法下で保障されている自由について，明確に分類ができているかを問う問題である。問３では，環境問題を扱ったが，日常的に耳にする用語を正しく理解しているか確かめよう。問４で取り上げた青年期については，思想家や用語，発達の段階などをしっかりおさえておきたい。

**解説**

**問１** 1 正解は③

Y2の発言にある「そう主張した思想家」は，フランスの**ルソー**（1712～78）である。個人の利益は特殊意志，その総和を全体意志といい，ルソーはこれらを各自が公共の利益を目指す**一般意志**と区別して考えた。

**ア** イギリスの**ホッブズ**（1588～1679）の考え方である。ホッブズは，社会組織や権力機構などが存在しない自然状態において，人間は互いに争いあうと考えた（「**万人の万人に対する闘争**」）。そこで，人々は自然権を全面的に国家へ譲渡し，統治者による秩序の維持のために国家を形成すると説明した。結果的に絶対王政を擁護する考え方となるが，人々が自然権を守るために国家を形成するという点で画期的な考え方であった。

**イ** 古代ギリシアの**アリストテレス**（前384～前322）の考え方である。「人間はポリス的（社会的・国家的）動物である」の言葉にあるように，アリストテレスは人間は共同体（ポリス）の一員として生きる存在だと考えた。社会のルールを守り公平を実現するための正義に加え，人間の内面をつなぐ友愛（フィリア）が共同体には欠かせない価値であるとした。

**ウ** **ルソー**の考え方である。ルソーは，人々は私有財産制のもとで自由と平等を失ったと考え，自由と平等の回復のためには**一般意志**にもとづく共同体を形成し，ここに自然権を譲渡すべきであると主張した。一般意志とは共同体全体の利益を求める意志のことで，ルソーはこれにもとづき人々が直接政治に参加する**直接民主制**こそが理想的であると考えた。

エ　イギリスの**ロック**（1632～1704）の考え方である。ロックによると，自然状態において，人間は生命･自由･財産を守る自然権を平等に保持しているが，場合によって争いが起き権利が侵害されることがある。そこで，人々は自然権の一部を放棄して政府を作り，自然権を保障させる。もし政府が人々の自然権を侵害する事態になれば，人々はその政府を廃し新しい政府を立てることができるとする**抵抗権**（**革命権**）を認めている。

よって，③がこの設問の正解となる。

問２　2　正解は④

ア　**黙秘権**（憲法第38条）に関する記述であり，自由権のうちの人身の自由に分類される。人身の自由は，このほかに，現行犯を除き令状なしに逮捕や家宅捜索・押収などを禁じる令状主義や，法律に定めのない罪に問われることはないとする罪刑法定主義などを認めている。

イ　**選挙権の平等**（憲法第44条）に関する記述であり，平等権の一つである。かつて日本では財産や性別，身分などによって選挙権が制限されていたが，衆議院議員選挙法の改正により1925年に満25歳以上の男性に選挙権が認められ，第二次世界大戦後の1945年には満20歳以上の男女に選挙権が認められた。衆議院議員選挙法は1950年に公職選挙法に統合された。

ウ　**職業選択の自由**（憲法第22条）に関する記述であり，自由権のうちの経済活動の自由に分類される。このほかに財産権の保障などが経済活動の自由に分類されるが，資本主義経済の発展には，経済活動上の自由が憲法によって保障されているということが欠かせない。

エ　**表現の自由**（憲法第21条）に関する記述であり，自由権のうちの精神の自由に分類される。精神の自由には，思想・良心の自由，信教の自由，学問の自由などが含まれる。

よって，④がこの設問の正解となる。

整理▷日本国憲法が保障する諸権利

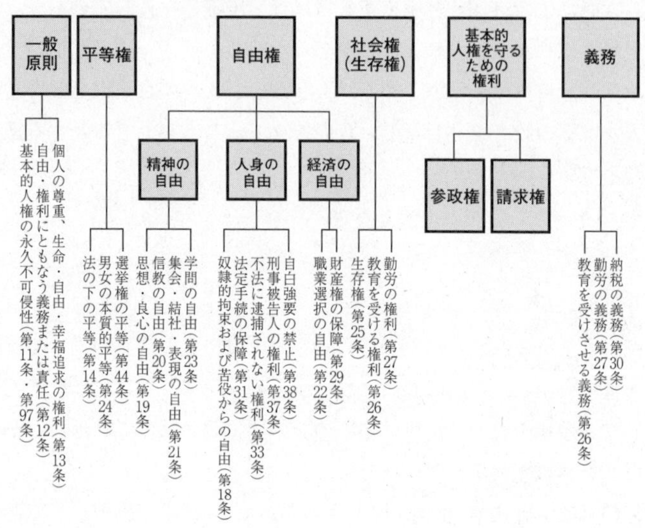


**問3** 3 正解は ②

第１回のテーマは，**循環型社会**と３Ｒである。イベント概要では，ごみの問題について，リサイクル率が横ばいとなっていることと，最終処分場の残余容量が年々減少していることに触れ，この解決のために「廃棄されるものを，社会全体で資源として利活用するシステム」すなわち循環型社会の構築について考えたいとしている。３Ｒとは，廃棄物を減らす「リデュース（reduce)」，捨てずに再利用する「リユース（reuse)」，繰り返し使う「リサイクル（recycle)」の頭文字をとった言葉である。マイクロプラスチックとは，紫外線や水流などによって細かく砕けた直径５ミリメートル以下のプラスチックのことである。アジアを中心に流域人口の多い河川から大量のプラスチックが海洋に流れ込み，問題となっている。海洋汚染は，船舶などから化学物質や油などが海洋に流出することで起こる。京都メカニズムとは，温室効果ガスを削減するための排出権取引や共同実施などの経済メカニズムのことで，1997年の**COP3**（気候変動枠組み条約第３回締約国会議）で採択された。

第２回のテーマは，**世代間倫理**と地球温暖化である。世代間倫理とは，現在の世代は未来の世代に対して責任を負っているという考え方である。イベント概要では，地球温暖化の問題について「その解決をこれ以上先送りしてはならない」，「将来のために今できることを一緒に考えたい」としている。砂漠化は，過放牧や過耕作のほか，降水量の減少などを背景に年々進んでいる。オゾンホールは，フロンガスなどの影響でオゾン層が破壊され出現する。1980年代に問題となり，1987年のモントリオール議定書でフロンガスの段階的廃止が決まった。オゾン層が減少すると，紫外線によって人体や農作物に悪影響があるとされる。生物多様性とは，地球上のあらゆる生物が互いに直接的，間接的につながりあって存在していることをいい，無秩序な開発により失われてしまう。1992年の地球サミットでは生物多様性条約が採択され，2010年に名古屋市で開催されたCOP10では，生物の持つ遺伝資源の利用に関して公正な利益配分などの国際的な取り決めが行われた。

よって，②がこの設問の正解となる。

問４ [ 4 ] 正解は③

③ 正文。精神分析学者の**エリクソン**（1902～94）は，人生には８つのライフサイクルがあり，そのそれぞれに発達課題があると主張し，青年期の発達課題を**アイデンティティ**（**自我同一性**）を確立させることとした。アイデンティティは，過去から将来の自分に至るまでの一貫した自己像と，社会組織の中に肯定的な居場所と役割を獲得することで確立される。

① 誤文。青年期に入ると，容姿や能力などを他人と比較し，自分が下位にいるのではないかと感じることがある。これを**劣等感**（コンプレックス）という。青年期に入ると直ちに克服されるわけではない。

② 誤文。現代では，青年期にあたる期間が長くなっているといわれている。近代以前の社会では，第二次性徴の見られる年齢になると，**通過儀礼**（**イニシエーション**）を経て大人の仲間入りをしていたが，時代が進むにつれ，社会に出るための準備にあたる期間が長くなってきた。日本では，七五三や成人式が通過儀礼として行われてきた。

④ 誤文。社会の権威や価値観と対立する考えを持ちやすい青年期の一時期は，「**第二反抗期**」と呼ばれる。「第一反抗期」は，親のいうことを聞かずに反抗する幼児期の一時期のことを指す。**フロイト**（1856～1939）はオーストリアの精神病理学者で，無意識に着目して精神分析学を創始した。

## □第２問【自由貿易体制】

**ねらい**

　貿易をテーマに，外国為替レートや地域経済統合など幅広く出題した。問１では，第二次世界大戦後の自由貿易体制がどのような原則に立脚しているかを確認しておきたい。また，FTA と EPA の関係についても理解しておこう。問２では，円ドル相場を取り上げ，為替レートの変動のしくみを理解しているかを試した。問３では，地域経済統合を取り上げた。近年，地域経済統合が大規模化しつつあり，TPP11 や RCEP のほか，日欧 EPA など日本も関係する巨大な協定が誕生している。おもな加盟国を確認しておこう。問４では，先進国，新興国，発展途上国の関係について問うた。南南問題の特徴や資源ナショナリズムなどは，その構造を理解するように努めたい。

**解説**

**問１**　[ 5 ]　正解は ④

**ア**　「自国と植民地を中心に排他的な貿易を行い」とあることから，**ブロック経済**が当てはまる。宗主国は植民地との貿易によって資源へのアクセスを確保し，自国産業を保護するとともに，経済関係の強い他の地域と協力して閉鎖的な経済圏を構築した。他方，植民地を持たないドイツや日本などは，独自の経済圏を構築するために侵略を行った。共同市場とは，EU などに代表される地域統合を指す。共同市場においては，関税を含む貿易の障壁は撤廃され，労働力や資本の移動は自由化される。

**イ**　「特定の国や地域間で貿易に加え人の移動や投資などについて幅広く自由化を図る」のは **EPA**（経済連携協定）である。**FTA**（自由貿易協定）は，関税などモノの貿易にかかる障壁を撤廃し自由貿易を実現する協定である。2022 年時点で 164 カ国・地域が加盟する**世界貿易機関**（**WTO**）では，交渉に時間がかかることや，先進国と発展途上国間の対立などにより，交渉が難航した。こうしたことを受け，1990 年代頃から利害を共通にする国や地域どうしで個別に FTA や EPA を締結する動きが広がってきた。多角主義をとる WTO だが，このような地域的経済統合については認めている。

**ウ・エ**　一つの相手国に与える待遇を，他のすべての加盟国にも同様に与えることを**最恵国待遇**といい，輸入品と国内品を同等に扱う原則を**内国民待遇**という。いずれも，GATT 三原則の「無差別」を構成するルールである。GATT 三原則はこのほかに，関税や非関税障壁の撤廃による「自由」と，多国間交渉による「多角主義」からなる。

よって，④がこの設問の正解となる。

問2 [6] 正解は③

ア　円安とは，円の価値が相対的に下がること。1ドル=200円の場合，1ドルを得るために200円を必要とする。1ドル=100円の場合，100円で1ドルを手に入れることができる。つまり，1ドル=100円の方が，円の価値は相対的に高い（円高）。円高になると，輸入原材料などの円建て価格が低下し，安く輸入することができる。よって，製品を安く生産することができるため，輸入を中心とする企業の業績は良くなりやすい。円安の場合は，逆に日本の輸出品の外貨建て価格が下がり，外国での価格競争力が高まる。

イ　会話文では，1ドル=151円台で政府が介入し，1ドル=144円台になったとある。つまり，介入によって円高が進んだことになる。外国為替市場において「円売り・ドル買い」=円を売ってドルを買う動きが進むと，円の価値は相対的に低下し，円安・ドル高傾向となる。この傾向に歯止めをかけるため，「円買い・ドル売り」=円を買ってドルを売る介入を行うと，円の価値は相対的に上昇し，円高・ドル安傾向になる。

ウ　日本の金利が相対的に外国の金利よりも高くなると，外国人が金利の高い日本の金融機関に預金するために，**外貨を売って円を買おうとする**。このため，外貨が円に換金され，円の需要が増えるため，円高が進みやすい。日本の金利が相対的に外国の金利よりも低くなり，より多くの円が外貨に換金された場合には円安が進む。

よって，③がこの設問の正解となる。

問3 [7] 正解は③

**A**の協定は，2022年に発効した**RCEP**（東アジア地域包括的経済連携，アールセップ）である。RCEPは，ASEANに日本，中国，韓国を加えたASEAN+3のほかオーストラリアとニュージーランドで構成される協定で，人口とGDPで世界の約3割を占める巨大な協定である。RCEP加盟国だけで日本の貿易総額の半分を占める。**BRICS**はもともと，ブラジル（Brazil），ロシア（Russia），インド（India），中国（China），南アフリカ（South Africa）の5カ国からなり，豊富な人口と資源を擁する成長著しい新興国である。2024年1月には，アラブ首長国連邦，サウジアラビア，イラン，エジプト，エチオピアの5カ国が加わり，10カ国に拡大した。

**B**の協定は，**TPP**（環太平洋経済連携協定）である。TPPは日本，アメリカ，オーストラリアなど太平洋を取り囲む12カ国で，関税を撤廃するなどの自由貿易を推進する協定として交渉が始まった。2015年に大筋合意したが，2017年にアメリカのトランプ政権が離脱を表明したため，2018年に11カ国で発効した。USMCA（アメリカ・メキシコ・カナダ協定）は，NAFTA（北米自由貿易協定）の後継となる協定で，2020年に発効した。

よって，③がこの設問の正解となる。

**問4** [ 8 ] 正解は⑤

**ノート**の事例では，京都議定書の温室効果ガス削減義務をめぐる先進国と発展途上国の関係について述べている。**生徒たちがあげた事例**のうち，先進国と発展途上国の関係に分類されるのは，**ア**の政府開発援助（ODA）と，**ウ**の資源ナショナリズムをめぐる問題である。

**ア** **政府開発援助**（ODA）は，先進国から発展途上国に対する経済協力である。

**イ** **新興国**とは，発展途上国の中でも近年になり工業化が進み著しい経済発展をとげている国であり，**モノカルチャー経済**に依存する国々は発展途上国の中でも工業化を実現できていない国である。このような，発展途上国どうしの格差を南南（なんなん）問題という。

**ウ** **資源ナショナリズム**とは，天然資源を保有する発展途上国が，先進国の大企業による生産と利益の独占を排除し，自国の発展のために資源を役立てようとする動きのことである。1962年には，国連総会で「天然資源に対する恒久主権」が，1974年には国連資源特別総会において**新国際経済秩序（NIEO）**樹立宣言が採択された。またこの間，1973年の第一次石油危機において，石油輸出国機構（OPEC）などの組織が世界経済に大きな影響を与えている。

**エ** **水平貿易**とは，先進国どうしで工業製品をやり取りする貿易のことである。先進国と発展途上国との貿易は**垂直貿易**という言葉で表現され，先進国が発展途上国の一次産品を輸入し，発展途上国が先進国の工業製品を輸入することをいう。

よって，⑤がこの設問の正解となる。

# □ 第3問【日本の政治機構】

## ねらい

政治をテーマに，思考力を試す問題を出題した。問1では，ベーコンの帰納法とデカルトの演繹法を区別できるかが試されている。この二つの考え方は頻出なので，自分でも例を作って考えてみよう。問2は，問題文で説明された帰結主義と義務論を正しく理解し，応用する問題である。初めて出合う概念であっても，説明を読んで理解できるよう練習したい。問3は，委任立法についての理解を問う。法律案の提出件数や成立率の傾向もおさえておこう。問4では，社会規範について取り上げた。社会規範と法，公共の福祉などは，あいまいな理解のままになりがちな知識である。教科書や資料集などを活用し，自分の言葉で説明できるくらいの理解を目指したい。

## 解説

**問1** 9 正解は③

客観的な事実から一般的な法則を導く考え方**A**は，イギリスの**ベーコン**（1561～1626）が用いた**帰納法**，疑い得ない真理をもとに個々の事例を判別する考え方**B**は，フランスの**デカルト**（1596～1650）が用いた**演繹法**である。

Y1は，アメリカ，イギリス，フランスの若年層で投票率の低迷が見られるという客観的な事実から，「世界的に若年層の選挙離れが進んでいる」と推測しているので，**A**の帰納法である。

Y2も同様に，家族や先生は必ず投票に行き，自分も行くつもりであることに加え，自分たちが現に政治の話をしているという客観的事実から，「世の中の多くの人は政治に関心を持っているはず」だと推測しているので，**A**の帰納法である。

Y3では，「世論調査では無党派層が一番多い」という真理から出発し，「投票所に足を運ぶ人の多くが，政党を基準に投票していない」と考えていることから，**B**の演繹法である。

Y4も同様に，「無党派層の投票率が低い」，「若年層の選挙離れが進んでいる」という真理をもとに，「無党派層には若者が多いといえる」と考えていることから，**B**の演繹法である。

よって，③がこの設問の正解となる。

整理▷**演繹法と帰納法**

● **演繹法**（デカルト）　最初に確実な真理を示し，そこから個別的な事例を判断していく認識方法

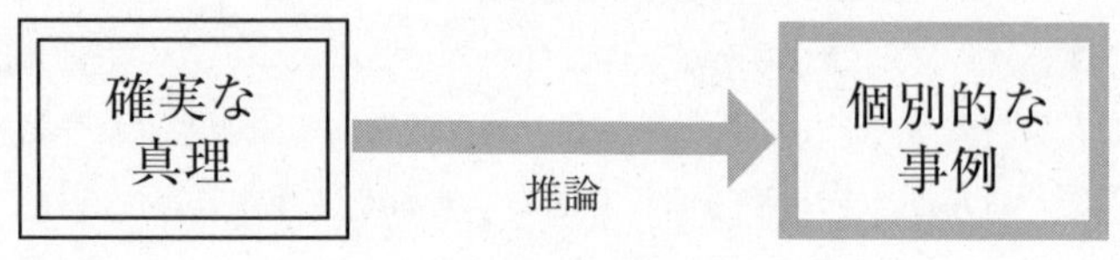


● **帰納法**（ベーコン）　個別的な事例を集めて一般化し，法則や定義を導き出す方法

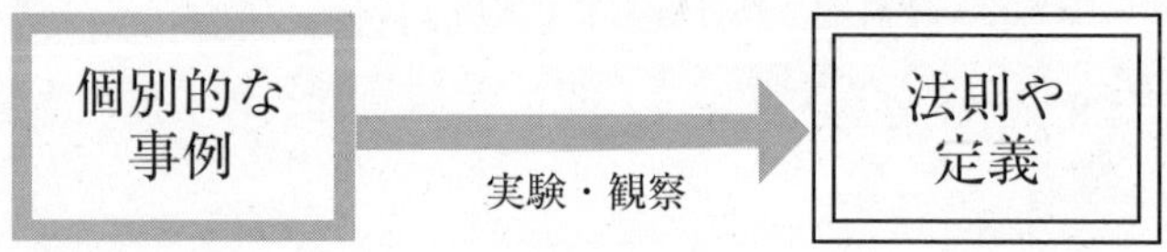


問２　10　正解は ④

行為の結果を重視する帰結主義は**功利主義的**な考え方である。**ベンサム**（1748～1832）や **J.S. ミル**（1806～73）が代表的な功利主義の思想家として知られる。動機の公正さを重視する義務論は**カント**（1724～1804）の倫理学の考え方である。

ア「より高い経済効果」という結果を期待し，より多くの人にクーポンを配布すべきだと主張しているので，帰結主義の考え方だといえる。

イ「飲食店に限らず地元の商店街のすべての店舗で使える」方が良いとして，事業者間の公平を重視しているので，義務論の考え方である。

ウ「この自治体の住民なら誰でも利用できる」ということは，クーポンの形態によって排除されてしまう人を出さないことだといえるので，義務論の考え方である。

よって，④がこの設問の正解となる。

問３　11　正解は ⑧

アには**内閣**，イには**議員**が入る。法律案には，国会議員から出される議員提出法案と，内閣から出される内閣提出法案がある。法律案の提出件数としては，議員提出法案の方が多いが，内閣は議会の多数派からなることから，議員提出法案より内閣提出法案の方が成立率が高い傾向にある。

Ａには**政令**，Ｂには**委任立法**，Ｃには**国会の立法権**が入る。**委任立法**とは，国会

で法律の大枠を制定し，その法律の具体的な運用や細則などを内閣が制定する政令などによって規定することである。社会が複雑化し，行政機能の拡大が進んでいるが，立法府からの権限移譲を受けて行政府が立法行為を行うことは，唯一の立法機関としての国会の権限の侵害にあたるとの指摘がある。条例とは，地方公共団体が独自に制定する法であり，法律や政令の範囲内で制定することができる。

よって，⑧がこの設問の正解となる。

**問4** 12 正解は①

Aには**刑法**が入る。刑法は，犯罪に対する罰則を定めた法律であり，公法に分類される。公法とは，憲法や刑法など，国家のしくみや国家と個人の関係を規定する法である。一方，**私法**は私人どうしの関係を規定する法で，民法や商法などが含まれる。この場合，国家が個人の行為に対し罰則を設けているので，国家と個人の関係を規定する刑法が当てはまる。

Bには**慣習**が入る。慣習や道徳，法律など，社会生活上のルールを大きくまとめて社会規範というが，このうち罰則や制裁をともなうものが法である。慣習や道徳などは，破った場合に非難されたり注意を受けたりすることはあるが，その制裁について明文化されているわけではない。民法は私法に分類され，民法の定める規定に違反した場合には損害賠償などをともなうことがあるが，原則として国家は民法には介入しないことになっている。

Cには**パターナリズム**が入る。本来，人間は自分の意思で自由に判断を行うことができる存在だが，判断能力が十分でないなどの場合には周囲の人間が本人にかわって判断を行うことが正当化される。医療現場では，知識や権威を持つ医師と，必ずしも知識や権威を持たない患者の間に生じる上下関係がパターナリズムにあたるとして，患者の同意の上で治療方針を決定するインフォームド・コンセントの定着などが進んでいる。

Dには**公共の福祉**が入る。人権は本来，最大限に認められるものだが，ときに衝突してしまう。言論の自由が認められているからといって，他者を傷つける言動が許されるかといえば，そうではない。職業選択の自由があるからといって，希望した人全員が医師になれるわけではなく，一定の基準を満たした人にだけ医師免許が与えられる。そのほか，感染症に罹患した人を隔離することや，景観保持の観点から都市開発に一定の制限があることなど，公共の福祉の考え方によって自由が制約されることがある。

よって，①がこの設問の正解となる。

整理▷社会規範と法

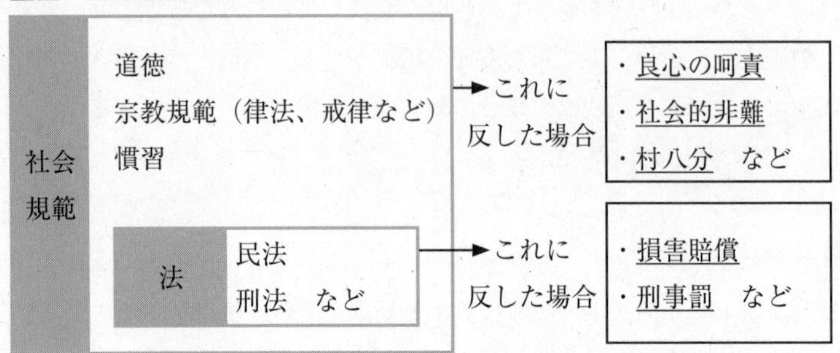

# □第４問【国際社会の諸問題】

## ねらい

幅広く国際社会の諸問題を扱った。問1では，主権平等の原則について読み取ることと，国連の主要機関，とりわけ総会や安全保障理事会（安保理）の基本的なしくみについての知識が問われている。問2は，資料読み取り問題だが，難民には国外に逃れた難民と，国内にとどまり避難生活を送る国内避難民がいるということを前提に資料を読み取る。問3では，「持続可能な開発目標（SDGs）」について出題した。近年，教科書などでも大きく取り上げられているテーマなので，おさらいしておこう。問4では，核をめぐる考え方や条約についておさえておきたい。このほかに，部分的核実験禁止条約（PTBT）や包括的核実験禁止条約（CTBT），戦略兵器制限交渉（SALT）や戦略兵器削減交渉（START）といった米ソ（ロ）間の交渉も頻出である。ユニラテラリズムやポピュリズムなど，近年の国際社会で懸念される動きについても理解を深めよう。

## 解説

**問1** 13 正解は③

国連は，総会，安全保障理事会，経済社会理事会，信託統治理事会，国際司法裁判所，事務局の六つの主要機関からなり，問題ではこれらの機関から**主権平等の原則**に則り表決が行われているものと，そうでないものを選ぶ。

**A**には**総会**が入る。総会は，すべての国連加盟国で構成され，人口や経済規模などにかかわらず表決は一国一票である。

**B**には**安全保障理事会（安保理）**が入る。安保理は，アメリカ・イギリス・フランス・ロシア・中国の五つの常任理事国と，10カ国の非常任理事国で構成される。各理事国は一票の投票権を持つが，常任理事国には拒否権が認められており，実質事項の表決に関してはすべての常任理事国の賛成が必要となる。つまり，何らかの決議を採択する場合，常任理事国が1カ国でも反対票を投じると，採決が成立しない。五つの常任理事国により大きな権限が与えられていることから，主権平等の原則の例外となっている。

国際刑事裁判所（ICC）は，戦争や虐殺など人道上の罪を犯した個人を裁くための法廷であり，国連の六つの主要機関には入っていない。

よって，③がこの設問の正解となる。

問2 [ 14 ] 正解は⑥

**ア** 「自国を出て外国で避難生活を送る人の方が国内避難民よりも多い」が誤り。**表**の「世界計」の項目を見ると，国内避難民の数が国外へ逃れた難民の２倍以上となっていることがわかる。

**イ** 「難民の発生国ではほぼ同数の国内避難民も発生している」が誤り。**表**によると，シリアと南スーダンでは難民と国内避難民がほぼ同数となっているが，その他の国ではこのような傾向は見られない。特に，ミャンマーはおよそ118万人にのぼる難民が発生し世界第４位の規模になっているが，国内避難民の発生国にはあがっていない。ミャンマーではイスラーム系少数民族ロヒンギャの人々が迫害され，隣国のバングラデシュなどに逃れている。このように，国内で特定の民族集団が迫害にあった場合，彼らの多くは国外に逃れる選択をすると考えられる。このほかにも，中央アフリカ，エリトリア，ブルンジ，ベトナム，ルワンダは国内避難民の発生国にあがっておらず，「国外へ逃れる難民の発生と国内避難民の発生には強い相関関係がある」とはいえない。

**ウ** 正しい。**ア**で見たように，国内避難民の数は国外へ逃れた難民の２倍以上となっている。1951年に採択された難民条約（難民の地位に関する条約，1954年発効）は，国外に逃れた人々を難民と規定し支援の対象としているが，近年では国内避難民の数が増えてきており，国連難民高等弁務官事務所（UNHCR）では国内避難民向けの援助も行っている。

**エ** 正しい。**表**によると，スーダン，エチオピア，コンゴ民主では，自国で難民を受け入れているだけでなく，国内避難民も発生していることがわかる。アフリカではサハラ砂漠以南の地域を中心に地域紛争や内戦が断続的に発生し，常に人道支援を必要としている状態である。

なお，2022年から始まったロシアのウクライナ侵攻を受け，ウクライナからの難民は630万人を超え，国内にとどまり避難を続ける国内避難民は508万人にのぼると推定されている（2023年現在）。

よって，**⑥**がこの設問の正解となる。

問3 [ 15 ] 正解は⑤

国連持続可能な開発ソリューションネットワーク（SDSN）では，「持続可能な開発報告書」を毎年発表しており，「持続可能な開発目標（SDGs）」の17の目標について「達成済み」，「課題が残る」，「重要な課題がある」，「深刻な課題がある」の４

つの段階に分け，各国の取り組みを評価している。2023年の報告書によると，日本は「目標4　質の高い教育をみんなに」と「目標9　産業と技術革新の基盤をつくろう」の2つの目標のみが達成済みである。

Aには，**「国会における女性議員の割合の低さ」**が入る。日本の国会における女性議員の割合は，衆議院が10.0%（2023年2月時点），参議院は26.0%（2023年3月時点）である。なお，衆議院，参議院および地方議会の選挙において，男女の候補者の数ができる限り均等となることを目指すことなどを基本原則とする「政治分野における男女共同参画の推進に関する法律」が2018年に成立している。一方，日本では，男女の大学進学率には大きな差が見られない。2023年度に大学（学部）へ進学した人数について，女子は約262,000人に対し男子は約285,000人と男子がわずかに上回っているが，短期大学への進学者も含めると，女子は約295,000人であるのに対し男子は約290,000人と，女子の方が上回る。

Bには，**「目標12」**が入る。目標12の「つくる責任つかう責任」はごみの排出量などを評価の基準にしており，天然資源の持続的な管理や効率的な利用，食品ロスの削減，廃棄物による環境汚染を減らすことなどがターゲットに定められている。日本では，国内で処理できない廃プラスチックを外国に輸出しているが，2017年におもな輸出先だった中国が廃プラスチックの輸入を制限し，2021年にはバーゼル条約の規制対象物に新たに廃プラスチックが追加されたことで輸出が大きく制限され，国内でのリサイクルの強化が求められることになった。しかし，依然として日本は世界有数の廃プラスチック輸出国である。「目標9」の「産業と技術革新の基盤をつくろう」では，持続可能なインフラ整備や各国の事情に沿った産業化の促進などが目指されている。日本が達成している数少ない項目の一つである。

Cには，**「政府開発援助（ODA）の対国民総所得（GNI）比」**が入る。国連では，**ODAに対するGNI比の目標を0.7%**としているが，日本は0.2～0.3%で推移しており，目標を達成できていない。対GNI比0.7%の基準を超えているのは，ルクセンブルク（0.99%），ノルウェー（0.93%），スウェーデン（0.91%），ドイツ（0.76%），デンマーク（0.71%）などである（2021年）。もう一つの選択肢で言及している知的財産は，保護すべきものであり，無償譲渡の件数の多さを競うものではない。人間の知的創造によって生み出されたアイディアや創作物などを知的財産と呼び，知的財産は様々な法律で権利として保護されている。

よって，⑤がこの設問の正解となる。

整理▷ ODA実績上位10カ国の対GNI比と贈与比率（2021年）

| | ODA実績（億ドル） | 対GNI比（%） | 贈与比率（%） |
|---|---|---|---|
| アメリカ | 478.0 | 0.20 | 100.0 |
| ドイツ | 332.7 | 0.76 | 81.7 |
| 日本 | 176.3 | 0.34 | 39.2 |
| イギリス | 157.1 | 0.50 | 98.8 |
| フランス | 155.1 | 0.51 | 56.4 |
| カナダ | 63.0 | 0.32 | 96.2 |
| イタリア | 60.9 | 0.29 | 93.3 |
| スウェーデン | 59.3 | 0.91 | 100.0 |
| オランダ | 52.9 | 0.52 | 100.0 |
| ノルウェー | 46.7 | 0.93 | 100.0 |
| DAC合計 | 1,860.2 | 0.33 | 82.6 |

（注）贈与比率は2019/2020年の平均値
（出所）外務省資料により作成。

問4 16 正解は②

**ア**は**核抑止論**，**イ**は**非核地帯**についての記述である。会話文では，「核兵器を使った攻撃や反撃が可能な状況では，甚大な被害が予想されるから，核の使用が抑制される」といっていることから，**ア**の核抑止論についての記述が入ることがわかる。非核地帯に関しては，これまでに六つの条約が締結され，非核兵器国として国連から承認されているモンゴルも含め，複数の非核地帯が実現している。

**ウ**は2021年に発効した**核兵器禁止条約**，**エ**は1970年に発効した**核拡散防止条約（NPT）**についての記述である。会話文にあるように，いずれの条約も参加しない限り効力を発しないが，「日本も参加していない」のは**ウ**の核兵器禁止条約である。日本は1976年にNPTを批准している。NPTにはインドやパキスタン，イスラエルなどが参加していないほか，北朝鮮は2003年に脱退を表明している。

**オ**は**ユニラテラリズム**，**カ**は**ポピュリズム**についての記述である。会話文中の文脈より空欄Cにはポピュリズムを説明する文章が入る。ポピュリズムは大衆迎合主義ともいい，大衆にうけの良い政策を掲げ，感情に訴えて支持を広げようとする政治運動である。ユニラテラリズムは単独行動主義ともいい，国際協調主義と対立する概念である。2000年頃からのアメリカに見られ，2001年のアフガニスタンへの攻撃や2003年のイラク戦争などでは，国連との協議が形骸化した。

よって，②がこの設問の正解となる。

整理▷非核地帯

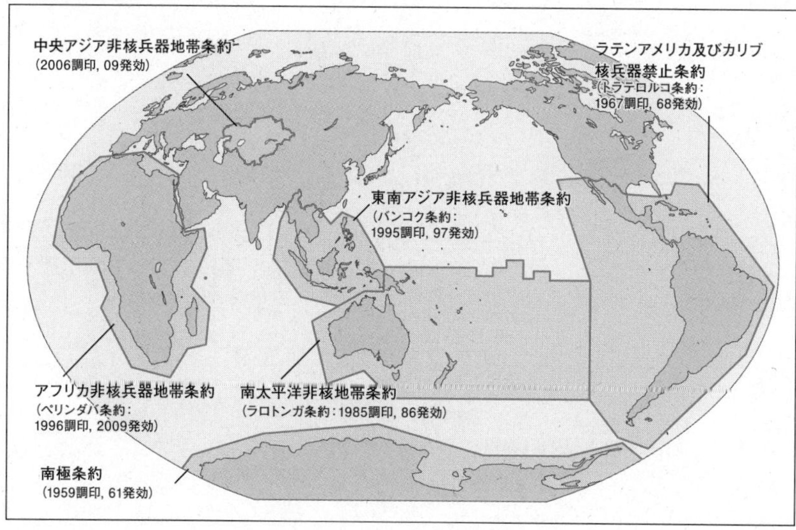

# MEMO

# 解答解説 第2回

出演：執行康弘先生

| 問題番号(配点) | 設問 | 解答番号 | 正解 | 配点 | 自己採点① | 自己採点② |
|---|---|---|---|---|---|---|
| 第1問 (12) | 問1 | 1 | ④ | 3 | | |
| | 問2 | 2 | ① | 3 | | |
| | 問3 | 3 | ③ | 3 | | |
| | 問4 | 4 | ④ | 3 | | |
| | 小計（12点） | | | | | |
| 第2問 (13) | 問1 | 5 | ③ | 3 | | |
| | 問2 | 6 | ⑧ | 3 | | |
| | 問3 | 7 | ③ | 3 | | |
| | 問4 | 8 | ⑦ | 4 | | |
| | 小計（13点） | | | | | |

| 問題番号(配点) | 設問 | 解答番号 | 正解 | 配点 | 自己採点① | 自己採点② |
|---|---|---|---|---|---|---|
| 第3問 (12) | 問1 | 9 | ④ | 3 | | |
| | 問2 | 10 | ② | 3 | | |
| | 問3 | 11 | ① | 3 | | |
| | 問4 | 12 | ⑧ | 3 | | |
| | 小計（12点） | | | | | |
| 第4問 (13) | 問1 | 13 | ⑥ | 3 | | |
| | 問2 | 14 | ⑤ | 3 | | |
| | 問3 | 15 | ③ | 3 | | |
| | 問4 | 16 | ⑥ | 4 | | |
| | 小計（13点） | | | | | |
| 合計（50点満点） | | | | | | |

※共通テストで「地理総合，歴史総合，公共」を解答科目にし，「公共」を選択する場合は，試験の定める条件に合わせて大問１～４すべてを解答してください。配点は50点です。

※共通テストで「公共，倫理」または「公共，政治・経済」を解答科目にする場合は，試験の定める条件に合わせて大問１～４から２つを配点が25点になるように選択し，解答してください。

※ただし，なるべく多く演習ができるように，大問１～４すべて解答することをおすすめします。

※ぜひ，同シリーズの『倫理』または『政治・経済』も合わせて演習してください。

解説 第2回 実戦問題

## □第1問【第二次世界大戦後の日本経済】

### ねらい

感染症の流行を切り口に，経済分野について幅広く出題した。問1は，外部経済の例を選択する問題だが，「内部化」がどのようなことかを，外部不経済の場合とあわせて理解しておこう。問2は，第二次世界大戦後の復興期の知識を試す問題である。用語の暗記だけでは対応できないので，出来事の要点をおさえておきたい。問3は，市民生活と契約に関する出題である。契約自由の原則や過失責任の原則など，私法の基本原則について整理して理解しておこう。問4では，現代人と自由について考察した思想家について出題した。サルトルのほか，フランクフルト学派の思想家もハーバーマスを中心に頻出なのでおさえておきたい。

### 解説

**問1** [ 1 ] 正解は④

Y2の発言にある「逆の外部性」とは，正の外部性，つまり外部経済のことである。選択肢から，外部経済について述べているものを選ぶ。

ア 中古車市場では，売り手は中古車の状態を正確に知っているが，買い手は中古車の状態をよく知らないことが多い。このような，売り手と買い手の持つ情報量に差があることを**情報の非対称性**という。この状況下では，買い手は，車の品質が良いのか悪いのかを判別できないから，品質の良い車を売ろうとする売り手が設定した値段では割高と考えて，車の購入を控えることになる。その結果，市場では品質の良い車の取引は減少し，品質の悪い車が多く取引されるようになる。これはアメリカの経済学者アカロフ（1940～）の唱えた中古車市場における**逆選択**の概念の例であり，必ずしも実際の市場の状況を正確に述べたものではない。

イ **外部不経済の内部化**の例である。**外部不経済**とは，他の経済主体から市場を介さず直接不利益を受けることをいい，公害や環境破壊などは外部不経済の典型である。これに対し，汚染者が環境回復のための費用を負担したり，汚染を防止したりすることを外部不経済の内部化という。汚染者へ課税することで汚染物質の排出を抑制することも同様である。

ウ **外部経済の内部化**の例である。高度経済成長期の日本では，関西を中心に私鉄が沿線に多角的な事業を展開した。これにより地価が上昇し，利便性もあいまって人口も増加した。ここまでであれば外部経済の例であるが，選択肢文では「これにより得られた地価の上昇や周辺人口の増加などの経済効果を取り込んで成長をとげた」とあり，外部経済によって発生した経済効果を，外部経済を発生させた鉄道会社自身が取り込んでいる。よって，外部経済の内部化といえる。

エ　**外部経済**の例である。1999 年に制定された食料・農業・農村基本法は，1961 年制定の農業基本法の後継となる法律で，新農業基本法とも呼ばれる。農産物の生産が行われる農村には，実際には農業だけでなく多面的な機能があるとされる。継続して農業を行うためには水田や里山が整備されていなくてはならないが，それらは雨水の貯留や生物多様性の維持，文化の継承などの役割も果たしている。農村の人々がこうした効果を意図して行っているわけではなく，農業生産を継続する際の副産物としてもたらされるので，外部経済が発生しているといえる。

よって，④がこの設問の正解である。

**問２**　[ 2 ]　正解は①

A　**経済の民主化**とは，第二次世界大戦後の日本を占領統治した GHQ（連合国軍総司令部）により行われた民主化政策のことで，①**財閥解体**，②**農地改革**，③**労働の民主化**の三つを柱とする。よって，**出来事ア**が対応する。①の財閥解体では，戦前の日本経済において経済力が過度に集中していた財閥の解体や，寡占によって自由競争を妨げるおそれのある大企業の分割などが行われた。②の農地改革では，寄生地主制の廃止が行われ，1946 年には 32.9% だった自作農の割合が，1950 年には 62.5% まで増加した。③の労働の民主化では，戦前には認められていなかった労働者の諸権利を認める法整備が行われた。具体的には，労働組合法（1945 年）・労働関係調整法（1946 年）・労働基準法（1947 年）が制定され，封建的な労使関係が改善された。

B　**国際収支の天井**とは，経済成長に伴い輸入が増大すると，輸入品を購入するための外貨が不足し，国際収支が赤字になってしまう問題である。貿易は停滞し，政府は金融引き締めによって景気の過熱を抑制しなくてはならなかった。よって，**出来事ウ**が対応する。1960 年代に入り輸出が好調になると，外貨が流入しこの問題は解決していった。

C　**復金インフレ**とは，**出来事イ**の**傾斜生産方式**を実現するために資金を供給した復興金融金庫が，その原資を日本銀行が直接引き受ける復興金融金庫債（復金債）で賄ったことから発生したインフレ（インフレーション）である。1948 年にアメリカ政府が GHQ を通じてインフレ収束や為替管理などを経済安定九原則として指令した後，インフレは収束したが，安定恐慌と呼ばれる不況に陥った。なお，**出来事エ**は，**シャウプ勧告**に関する記述である。

よって，①がこの設問の正解である。

問3 [3] 正解は③

A **契約自由の原則**が入る。自由な個人どうしで，国家が干渉することなく契約を結ぶことができる原則を契約自由の原則という。契約相手，内容，方法などを当事者どうしで自由に決定し，両者の同意の上で契約を結ぶことができる。日常的な買い物やバス・電車などへの乗車や保険の加入，アパートなどの賃貸契約など，身近な経済活動の多くが契約により成り立っている。いったん結ばれた契約は履行しなくてはならないが，場合によっては取り消しや無効となる。民法によると，未成年者が親権者の許可なく契約を結んだ場合（第5条），公序良俗に反する契約（第90条），詐欺などによる契約（第96条）などについては，契約の取り消しや無効が可能となる。**過失責任の原則**とは，個人の自由な活動の結果，損害が発生してしまった際に，被害者が加害者に対して損害賠償を請求できる原則のことである。ただし，**加害者に故意や過失がない限り**，賠償の責任は発生しない。

B **「使用者に対し弱い立場にある労働者の利益を守るための労働基準法」**が入る。会話文中にあるように，契約自由の原則は，契約を結ぶ当事者どうしが対等な立場であることに立脚している。しかし，現実には，労働契約などにおいて，強い立場の使用者と弱い立場の労働者の間で契約が結ばれている。こうした立場の格差を是正するのが，労働に関する諸条件を定めている労働基準法である。他にも，販売者側と比べて情報量が限定される消費者側の利益を守るための消費者契約法などが，契約自由の原則を修正するための法律として定められている。**製造物責任法**（PL法，1994年制定）は，製造者に**過失がなかったとしても**，製品の欠陥を立証できれば賠償責任を問うことができる法律である。製造物責任法は，私法の基本原則の一つである過失責任の原則の欠陥を補う特別法である。過失責任の原則では加害者に故意や過失がないことが免責の条件となるが，実際には欠陥製品を製造した企業の過失を立証することは困難であり，過失責任の原則によっては被害者に十分な救済が保障されない可能性が高いことから制定された。

よって，③がこの設問の正解である。

整理▷私法の基本原則

| 原則 | 内容 |
|---|---|
| **権利能力平等の原則** | 権利能力（私法にもとづき権利や義務を負う資格）はすべての人に同様に与えられている。 |
| **所有権絶対の原則** | 個人の所有物はその持ち主が自由に扱うことができ，国家権力などの介入を受けない。 |
| **契約自由の原則** | 個人間では自由に契約を結ぶことができ，国家権力などの介入を受けない。 |
| **過失責任の原則** | 個人の行為によって損害が発生しても，故意や過失がなければ賠償の責任を負わない。 |

**問4** 4 正解は④

**ア** ドイツの精神分析者・社会心理学者の**フロム**（1900～80）の思想である。フランクフルト学派の思想家の一人であるフロムは，著書**『自由からの逃走』**において，ドイツ国民がナチズムを支持していく過程を分析し，孤独や不安から自由を手放し，権威に従属してしまう現代人の心理を考察した。

**イ・ウ** 「アンガジュマン」は**サルトル**（1905～80）の言葉で，社会参加を意味する。人は常に社会との関わりの中で生きているので，すべての決断は人類社会のあり方に影響すると考えるべきで，個人の生き方に責任が問われると主張した。これをサルトルは，「**人間は自由の刑に処されている**」と表現した。

よって，**イ**と**ウ**が正しく，④がこの設問の正解となる。

## □第２問【日本の財政と人口減少問題】

**ねらい**

日本の財政をめぐる諸問題と，少子化や人口減少などの問題を扱った。問１は，日本の国債発行のしくみと税制について問う問題である。用語の暗記では対応できないので，しくみの理解を心がけよう。財政投融資を扱った問２は，財政投融資の目的や原資，問題点と制度改革などについて幅広く出題した。規模は縮小したが現在でも制度そのものは継続しているので，予算とともに注目しておきたい。問３は，それぞれのカードがどの思想家のものかを特定し，選択肢と照らし合わせたい。問４は，問題文で示した問題の解決策を導く能力と，環境問題に関連する知識の組合せ問題である。選択肢文をていねいに読もう。

**解説**

**問１** [ 5 ] 正解は ③

ア　Aが入る。日本では，**財政法**により国債の発行が原則として禁止されているが，**建設国債**は公共事業などの財源にあてる場合に発行が認められ，1966年度から現在まで毎年発行されている。よって，Bの「特例法が定めた範囲内において」の部分が誤り。一方，**赤字国債**は，財政法が発行を認めていないため，**発行に際しては国会で特例法を制定する必要がある**。こうしたことから特例国債とも呼ばれる。従来，国会において一年限りの時限立法として特例法を制定していたが，2012年度からは複数年度にまたがる特例法が制定され，国会で予算が成立すれば自動的に赤字国債を発行できる法整備がなされている。赤字国債は1975年度から発行が始まり，1991～93年度を除き毎年発行されている。

イ　Dが入る。【提案１】で「恒久法を制定し国会審議なしで国債発行を可能にすべきだ」としているが，これは**財政民主主義**の原則に反する。財政民主主義とは，財政活動には国民（納税者）の承認が必要だとする考え方で，憲法第83条に「国の財政を処理する権限は，国会の議決に基いて，これを行使しなければならない」と規定がある。よって，財政活動には国会の議決が必要である。**財政の硬直化**とは，歳出において国債費の割合が増大することで本来必要な費用を捻出することが困難になり，財政の弾力的な運用ができなくなることをいう。

ウ　Eが入る。【提案２】で，**水平的公平**を満たすため消費税の税率引き上げが提案され，それに対し「所得税率の引き上げの方が好ましい」とする【異論２】を成立させる選択肢を選ぶ。水平的公平とは，同程度の所得の人に対し同程度の税負担を実現することで，消費税はこれを満たすとされる。しかし，消費税には所得の少ない人ほど負担が重くなる**逆進性**を持つという特徴がある。所得の多い人ほど多くの税負担をするべきとするのは**垂直的公平**であり，所得税などに導入されている**累進課税制度**がこれにあたる。

よって，③がこの設問の正解である。

**問2** 6 正解は ⑧

**財政投融資計画**とは，中小企業や農林水産業，住宅，福祉など，民間では供給が十分でない分野に政府が投融資を行うものである。かつては，郵便貯金や年金積立金などの巨大な資金を原資としていたため，採算のとれない事業への過大な投融資なども行われていた。2001年の制度改革により，資金は**財投機関債**の発行により賄われるようになり，計画の規模もピーク時の4割程度まで縮小した。

**ア** 2001年の制度改革で，財投機関債の発行により民間から資金を調達することになった。

**イ** 財政投融資計画は，予算案同様に**国会の議決**を経なければならない。閣議決定ではない。

**ウ** 民間からは十分な資金の供給が見込めない分野への投融資を行う制度である。

よって，⑧がこの設問の正解である。

**問3** 7 正解は ③

**カード1**には，**J.S. ミル**（1806～73），**カード2**には**ベンサム**（1748～1832），**カード3**には**イエス＝キリスト**（前7頃／前4頃～後30頃）の思想が書かれている。

**ア** **カード3**が入る。「自分がしてほしいと思うことは，他の人にもしてあげるべき」とは**イエスの黄金律**であり，キリスト教道徳の最高の教えとされる。

**イ** **カード1**が入る。**質的功利主義**の立場をとったJ.S. ミルは，ベンサムの量的功利主義が人間の利己的なあり方に立脚していることを指摘した。彼は，他者への献身的な行為によって得られる精神的快楽に立脚した功利主義を説き，イエスの黄金律に功利主義の道徳を見出した。

**ウ** リソースの分配がどのような効果をもたらすか，が入る。続く生徒Yの発言に「それは，**カード2**の思想家の考え方に近いですね」とあることから，行為の結果を重視する考え方を選べばよい。もう一つの選択肢「リソースがいかに公正に分配されるか」は，動機が正しいかどうかによってその行為が善いものかどうかを判断する考え方で，カント（1724～1804）の哲学に代表される。カントは，誰にでも無条件に従うべき道徳法則があると考え，行動の基準はこの道徳法則によるべきだと論じた。

よって，③がこの設問の正解である。

**問4** 8 正解は⑦

問題文で提起されている「**この問題**」とは，「山間部の村落において高齢化が進むとともに人口が減少し，田畑や草地の管理が行き届かなくなることで，半自然の環境を好む希少生物が生息域を奪われる」ことである。解決策としては，「田畑や草地の管理」が可能になるよう里山に人の手が入る状態を維持することだと考えられる。よって，「人間が継続して地域に生活し続けられる」とある**B**が正解である。**A**では，「できるだけ里山を自然の状態に戻し」とあり，この解決策ではここで扱っている「希少生物」が必要とする「半自然の環境」が失われてしまう可能性がある。

**ウ**　**エコツーリズム**とは，地域の環境や生活文化に影響を与えないような方法で自然や文化に触れる旅行のスタイルのことである。

**ア**　**ナショナル＝トラスト運動**とは，市民が寄付などによって資金を出し合い，地域の自然景勝地や歴史的遺産などの土地を買い取り，保存する運動のことである。国が購入・管理するものではない。

**イ**　**ワシントン条約**に関する記述である。ラムサール条約は，水鳥の生息地として国際的に重要な湿地とそこに生息する動植物の保全を目的とした条約である。

**エ**　**名古屋議定書**に関する記述である。名古屋議定書は，2010年に愛知県名古屋市で開催されたCOP10（第10回生物多様性条約締約国会議）で採択された。京都議定書は1997年に開催された地球温暖化防止京都会議で採択された議定書で，先進国に対し温室効果ガスの排出量の削減数値目標を定めた。

よって，**B**と**ウ**の組合せが正しく，⑦がこの設問の正解となる。

# □第3問【民主主義をめぐる諸問題】

## ねらい

民主主義について様々な観点から取り上げた。問1では，問題文の説明から「包括性（参加）」と「自由化（公的異議申立て）」がそれぞれ何を示すのかをていねいに読み取ろう。近年の共通テストではダールの理論がたびたび取り上げられているので，この機会に慣れておきたい。問2では，多数決とボルダ・ルールを取り上げた。多数決のもたらす結果は多様であることを理解しよう。問3は，アメリカとイギリスの政治制度についてやや詳しい知識を必要とする。問4では，合意形成にまつわる諸問題と，日本の近現代思想を組み合わせて出題した。

## 解説

**問1** [9] 正解は④

ダール（1915～2014）は20世紀のアメリカの政治学者である。「包括性（参加）」と「自由化（公的異議申立て）」の二つの次元で民主化の進展の度合いを測ることができると考え，民主化の度合いが最も高い政治体制をポリアーキーとよんだ。

Y1は，「第四の権力」といわれるマス・メディアに対し，日本政府が年金受給年齢の引き上げや増税を検討していることについてもっと報道をするべきだと主張している。マス・メディアの役割は権力への批判であることから，「自由化（公的異議申立て）」の度合いを高めると考えられる。

Y2は，選挙権拡大の歴史に触れ，「投票で意思表示するべき」と主張していることから，「包括性（参加）」の度合いを高めると考えられる。

Y3は，国会に多様な意見が持ち込まれるべきだとの主張なので，政治をめぐる競争を促す点で，「自由化（公的異議申立て）」の度合いを高めると考えられる。比例代表制では，小選挙区制と比べ少数派政党にもより多くの議席獲得の可能性がある。

Y4は，被選挙権を行使して立候補することを促しており，政治参加にあたるので，「包括性（参加）」の度合いを高めると考えられる。

よって，④がこの設問の正解である。

**問2** [10] 正解は②

**ア**は正文。**A**候補を最も好ましいと思う人は20人だが，一方で**A**候補を最も好ましくないと思う人は15人と6人の合計となる21人である。

**イ**は正文。このように，三つの候補がある場合に順位ごとに点数をつけて集計する方法を，ボルダ・ルールという。**A**候補を最も好ましいと思う人が20人（20人×3点＝60点），**B**候補を2番目に好ましいと思う人が20人（20人×2点＝40点），**C**候補を3番目に好ましいと思う人が20人（20人×1点＝20点）のように計算していく。この方法で集計した場合，結果は左のようになり，最も高得点となるのは97点を獲得する**B**候補である。

| 候補者 | 合計点 |
|---|---|
| A候補 | 81 |
| B候補 | 97 |
| C候補 | 68 |

**ウ**は誤文。**C**候補を除く二人の候補で決選投票を行った場合，選択肢**ア**で見たように，**A**候補を最も好ましいと思う人が20人であるのに対し，**A**候補を最も好ましくないと思う人が21人いるので，**B**候補が当選する。

よって，②がこの設問の正解である。

**問3** 11 正解は①

**A**には**アメリカ**，**B**には**イギリス**が入る。**ノート**の「行政府は立法府に連帯して責任を負う」の記述から**B**をイギリスと特定し，選択肢より残る**A**はアメリカと判断する。

**ノート**のⅰはアメリカの政治体制についての記述であることから，**図**と**ノート**の**C**には「弾劾できる」が入る。アメリカの連邦議会は，**大統領の弾劾権**を持つ。下院が訴追し，上院が裁判を行う。一方，イギリスの政治制度においては，立法府は行政府を信任し，行政府は立法府に対して連帯して責任を負う（**議院内閣制**）。**図**の**D**には，**教書の送付**と**法案拒否権**が入る。アメリカの大統領は法案提出権を持たないが，かわりに教書を送付し，議会において審議すべき事項を勧告できる。法案拒否権とは，連邦議会が可決した法案について大統領が署名を拒否する権利である。大統領が署名を拒否した法案は議会へ戻されるが，上下両院でそれぞれ3分の2以上の賛成を得て再可決した場合，法案は成立する（オーバーライド）。

**ノート**の**ア**・**イ**にはいずれも「持たない」が入る。**ノート**のⅰにある行政府の長は大統領である。アメリカの大統領は**議会に議席を持たない**。なお，副大統領は議席を持ち，上院の議長を務める。**ノート**のⅱのイギリスは上院（貴族院）と下院（庶民院）の二院制をとるが，上院議員は任期不定で国王が任命する。よって，イギリスでは下院議員のみが国民の選挙で選ばれる。アメリカでは，上院（元老院），下院（代議院），大統領が国民の選挙で選ばれる。上院は各州2名，下院は州の人口に比例して選出されるほか，大統領は国民から選挙された大統領選挙人が投票する間接選挙で選ばれる。

よって，① がこの設問の正解である。

**問４** 12 正解は ⑧

**A**には**多数者の専制**が入る。多数者の専制とは，多数者の意思を全体の意思とすることであり，J.S. ミルやトックビル（トクヴィル）（1805 ～ 59）などは，これを民主主義の欠点として指摘した。多数者が常に正しいとは限らないことや，少数者の権利が侵害されるなどの問題点がある。**多元主義**とは，人々は多様であることを前提とした国家のあり方である。

**B**には**多党制**が入る。多数者支配型民主主義では拾われることのない少数者の声を政治に反映するためには，少数者を代表する複数の政党が国政に進出する必要がある。ヨーロッパでは，多党制に立脚したコンセンサス型民主主義が行われている例がある。一方の**二大政党制**では，多数者支配型民主主義となる傾向が強い。

**C**には**丸山眞男**（1914 ～ 96）が入る。丸山眞男は昭和期の政治学者・思想家で，物事は「おのずから」自然現象のように「なる」と捉える日本古来の思考のパターンから，日本人には主体性が乏しく，意思決定の過程においては責任者が不在であるという特徴を指摘した。戦争のような国家の重大事でさえこうした「**無責任の体系**」の中でなりゆきによって決まってしまうことから，日本人には主体性の確立が必要であると論じた。倫理学者の**和辻哲郎**（1889 ～ 1960）は，人間は常に人と人との間の関係性の中で生きていると考えた（間柄的存在）。

**D**には**夏目漱石**（1867 ～ 1916）が入る。夏目漱石は近代日本文学を代表する作家で，日本人の近代化が外からの圧力による「**外発的開化**」であることを指摘し，自発的な発展である「**内発的開化**」を目指すべきだと説いた。哲学者の**西田幾多郎**（1870 ～ 1945）は，デカルト（1596 ～ 1650）から始まる西洋哲学が主観と客観を分離して考えたのに対し，主観と客観が分かれる以前（**主客未分**）の状態の経験を**純粋経験**と呼び，ここに真の実在があると考えた。

よって，⑧ がこの設問の正解である。

## □第４問【地方自治】

**ねらい**

地方自治をテーマに，表やグラフの読み取り問題を交えて出題した。問１は，地方自治の本旨について，住民自治と団体自治を具体例と結びつけて理解しているかを試した。問２は，表の読み取りを含む問題だが，直接請求の要件について理解していないと正解できない。直接請求の諸条件について確認しておこう。問３は，請願権に関する問題である。請願権がどのようなものか，教科書や資料集などでおさらいしておきたい。散布図を読み取る問４では，図だけでなく図の下の注釈もしっかり読んでおこう。地方交付税の交付基準についてヒントがある。また，グラフ全体の特徴をしっかりと把握するため，縦軸と横軸が何を表しているのか確認しておく必要がある。

**解説**

**問１** [13] 正解は⑥

憲法第92条が定める「**地方自治の本旨**」は，**団体自治**と**住民自治**からなる。

A　自治基本条例の制定は，団体自治である。団体自治とは，地方公共団体が独自に条例や予算を作成し，これらにもとづいて行政を行うことである。団体自治は法律の範囲内で行われなければいけないが，国の指揮監督を受けることはない。自治基本条例とは，地方公共団体が独自に定めた自治体運営の理念や原則のことであり，「自治体の憲法」とも呼ばれる。

B　選挙によって議会の議員や首長を選ぶことは，住民自治である。住民自治とは，住民の参加によって地方公共団体が運営されることをいい，選挙のほか，条例の制定や改廃，首長や議員などの解職請求などの直接請求や，情報公開などを含む。なお，日本の地方自治では，議会と首長を住民による選挙で選出する**二元代表制**が採用されている。二元代表制のもとでは，議会と首長は住民に直接責任を負っているが，議院内閣制がとられる国政においては，内閣が国会に対し責任を負っている。国政の地方の違いをおさえておきたい。

C　地域の重要課題について条例を制定し住民投票を行うことは，住民自治の制度である。住民投票には次の表のようにいくつかの種類があるが，**生徒Xたちのメモ**の中で紹介されている原子力発電所や産業廃棄物の処理施設の建設など地域の重要課題をめぐる住民投票には，その結果に法的な拘束力がない。

よって，⑥がこの設問の正解である。

整理▷住民投票のおもな種類

| 住民投票で問われる内容 | 根拠となる法令 | 住民投票結果の法的拘束力 |
|---|---|---|
| 国会がその地方公共団体のみに適用される特別法（地方自治特別法）を制定してもよいか。 | 憲法第95条など | あり |
| 議会を解散するか。<br>議長・首長を解職するか。 | 地方自治法 | あり |
| 政令指定都市を特別区に再編するかどうか。 | 大都市地域特別区設置法 | あり |
| 市町村合併によって合併協議会を設置するかどうか。 | 市町村合併特例法 | あり |
| 特定の問題について賛成か反対か。 | 住民投票条例 | なし |

**問２** 14 正解は⑤

直接請求権は，国政では認められていない地方自治に独特の制度である。

**ア** 誤り。**A**市では，条例の制定を求める請求が行われている。条例の制定や改廃の請求では，首長に対し請求し，首長が議会にかけて議決の結果を公表する。

**イ** 正しい。**B**市では市議会の解散を請求するため署名活動が行われたが，有効署名数「40,761」が法定署名数「45,042」に届かず,「請求受理年月日」の欄も空欄になっていることから，署名数が不足し請求が行われなかったと考えられる。

**ウ** 誤り。**C**市では，監査請求が行われている。監査請求は，監査委員に対して請求し，監査の結果を首長などへ報告の上，公表されることになる。

**エ** 正しい。首長や議員の解職請求と議会の解散請求には，有権者の３分の１以上の署名が，その他の請求には50分の１の署名が必要である。**表**では，**B**市の市議会の解散についての請求のみ有権者の３分の１以上の署名を要件としている。有権者数は，**表**中の「法定署名数」と署名数の要件からおおよその数を計算できる。

・**A**市は 300 × 50 ＝ 15,000 人

・**B**市は 45,042 × 3 ＝ 135,126 人

・**C**市は 882 × 50 ＝ 44,100 人

・**D**市は 5,631 × 50 ＝ 281,550 人

よって，**D**市の有権者の人数が最も多い。なお，今回取り上げた直接請求はそれぞれ，**A**市は山形県尾花沢市，**B**市は三重県松阪市，**C**市は埼玉県白岡市，**D**市は

埼玉県所沢市で実際に署名・請求などが行われた例である。

よって，⑤がこの設問の正解である。

整理▷**直接請求権**

| 請求の種類 | 必要署名数 | 請求先 | 請求の処理 |
|---|---|---|---|
| 条例の制定・改廃（イニシアチブ） | 有権者の50分の1以上 | 首長 | 首長が20日以内に議会を招集し，その結果を公表する。 |
| 事務監査請求 | | 監査委員 | 監査結果を公表し，議会・首長などに報告・公表する。 |
| 首長・議員の解職（リコール） | 有権者の3分の1以上（注） | 選挙管理委員会 | 有権者の投票（住民投票）に付し，過半数の同意があれば失職する。 |
| 議会の解散請求 | | | 有権者の投票（住民投票）に付し，過半数の同意があれば解散する。 |
| 副知事など主要公務員の解職請求 | | 首長 | 地方公共団体の議会にかけ，3分の2以上の出席，その4分の3以上の同意があれば失職する。 |

（注）解散請求権・解職請求権について，総数が40万人を超える場合の署名数は，40～80万人の部分については6分の1以上，80万人を超える部分については8分の1以上。

**問3** 15 正解は③

**A**には**イ**の**請願権**が入り，**B**には**ウ**の記述が入る。もう一つの**A**の選択肢**ア**の**参政権**と**B**の選択肢**エ**の記述も，組合せとしては正しいが，生徒たちの会話文の文脈から誤りとなる。

請願権とは，憲法第16条で「何人も，損害の救済，公務員の罷免，法律，命令又は規則の制定，廃止又は改正その他の事項に関し，平穏に請願する権利を有し，何人も，かかる請願をしたためにいかなる差別待遇も受けない」として定められている権利で，**請求権**に分類される。請願権には**年齢や国籍による制限がない**ため，空欄**B**に入る「署名活動」には，選挙権を持たない18歳未満の人々や外国人であっても参加することができる。場合によっては，参政権を持たない人々にとって参政権と同様の意味を持つことがある重要な制度である。生徒Yは，「地方自治における直接請求権が対象としない人々も権利を行使できる制度だからか」と述べていることから，生徒Xは直接請求権や参政権が対象とする「有権者」以外の人々をも対象とする請願権について話していると判断できる。なお，請願は，国または地方公共団体の議会議員を通じて提出され，受理した機関はこれに誠実に対応しなくてはならないと定められている（請願法第5条）。しかし，地方自治における直接請求の制度と異なり，対応に法的な義務があるわけではない。

よって，③がこの設問の正解である。

**問4** 16 正解は⑥

A **イ**の記述が当てはまる。**図**の◆は，人口が100万人を超える大都市を擁する都道府県を表すが，これらの都道府県のうち二つを除き，実質公債費比率は全国平均を上回っている。実質公債費比率が高くなるほど，その地方公共団体の財政規模に占める公債費の割合が大きくなる。財政に占める公債費の割合が大きいと，財政運営の弾力性が失われる。よって，大都市を擁することと，財政運営の弾力性の間には相関関係がなく，またグラフの中央から上部に行くにしたがい実質公債費比率が高くなり，財政運営の弾力性は低くなるので，選択肢**ア**は誤りである。

B **ウ**の記述が当てはまる。**図**の注1より，財政力指数が1を上回ると地方交付税が交付されない。**図**の中で財政力指数が1を上回るのは右下の地方公共団体(東京都)のみである。選択肢**エ**については，財政力指数で全国平均を下回る地方公共団体が一つあるが，ここは実質公債費比率では全国平均を上回っているので，両方の指数について全国平均を下回るところはない。

C **カ**の記述が当てはまる。**図**は，右へ行くにしたがい財政力指数が大きく，下に行くにしたがい実質公債費比率が低くなっていく。よって，全体が右下へ移動していくことが，地方財政の将来を考える上では望ましい。全国の都道府県のうち最も財政状況の良い東京都は右下に分布している。

よって，⑥がこの設問の正解である。

## MEMO

# 解答解説　第3回

出演：執行康弘先生



| 問題番号（配点） | 設問 | 解答番号 | 正解 | 配点 | 自己採点① | 自己採点② |
|---|---|---|---|---|---|---|
| 第1問（13） | 問1 | 1 | ② | 3 | | |
| | 問2 | 2 | ⑤ | 3 | | |
| | 問3 | 3 | ① | 3 | | |
| | 問4 | 4 | ② | 4 | | |
| | 小計（13点） | | | | | |
| 第2問（12） | 問1 | 5 | ① | 3 | | |
| | 問2 | 6 | ④ | 3 | | |
| | 問3 | 7 | ② | 3 | | |
| | 問4 | 8 | ④ | 3 | | |
| | 小計（12点） | | | | | |

| 問題番号（配点） | 設問 | 解答番号 | 正解 | 配点 | 自己採点① | 自己採点② |
|---|---|---|---|---|---|---|
| 第3問（12） | 問1 | 9 | ③ | 3 | | |
| | 問2 | 10 | ⑦ | 3 | | |
| | 問3 | 11 | ② | 3 | | |
| | 問4 | 12 | ② | 3 | | |
| | 小計（12点） | | | | | |
| 第4問（13） | 問1 | 13 | ⑤ | 3 | | |
| | 問2 | 14 | ② | 3 | | |
| | 問3 | 15 | ③ | 3 | | |
| | 問4 | 16 | ④ | 4 | | |
| | 小計（13点） | | | | | |
| 合計（50点満点） | | | | | | |

※共通テストで「地理総合，歴史総合，公共」を解答科目にし，「公共」を選択する場合は，試験の定める条件に合わせて大問1～4すべてを解答してください。配点は50点です。

※共通テストで「公共，倫理」または「公共，政治・経済」を解答科目にする場合は，試験の定める条件に合わせて大問1～4から2つを配点が25点になるように選択し，解答してください。

※ただし，なるべく多く演習ができるように，大問1～4すべて解答することをおすすめします。

※ぜひ，同シリーズの『倫理』または『政治・経済』も合わせて演習してください。

# 第3回 実戦問題

## □第1問【司法権をめぐる諸問題】

### ねらい

大日本帝国憲法（明治憲法）が施行された翌年に起きた大津事件の顚末を題材に，司法権をめぐる諸問題を扱った。問1では，司法権の独立が外部から侵害されることと，司法権の内部で裁判官の独立が侵害されることの二つの問題を取り上げた。問2では，近年の司法制度改革について出題した。司法制度改革の目指したものが何なのかを確認しておきたい。倫理分野から宗教の特色について出題した問3では，おもな宗教や思想についての基礎知識を確認しておきたい。問4は，選択肢の文章から憲法の条文に出てくる語句（またはそれを推測できるもの）を探し出して解答したい。

### 解説

**問1** [ 1 ] 正解は②

1891年の**大津事件**は，大審院長の児島惟謙（こじまいけん）（1837～1908）が政府の干渉を退けて司法権の独立を守った出来事として知られるが，一方で，児島が担当裁判官の判断に介入したとして，司法権内部において裁判官の独立が侵害されたとの指摘がある。

**イ** 1969年の**平賀（ひらが）書簡事件**に関する記述である。北海道長沼町の国有林における自衛隊のミサイル基地建設に対し，自衛隊の合憲性をめぐって住民が起こした長沼ナイキ基地訴訟において，事件を担当した札幌地方裁判所の裁判官にあてて直接の上司が憲法判断には触れないようにと書簡を送った事件である。司法権の内部において裁判官の独立の侵害があったとされる。なお，書簡による要請を退け，第一審を担当した裁判官は違憲の判断を下したが，その後の高裁と最高裁の判決ではいずれも住民側が敗訴し，またいずれの裁判所も憲法判断を回避している（**統治行為論**）。

**ア** 1948年の**浦和事件**に関する記述である。生活苦から親子で心中を図ったものの，自分だけが生き延びてしまった女性に対し，裁判所は懲役3年・執行猶予3年を求刑した。これについて参議院法務委員会が国政調査権を行使し，独自の調査を行った上で，裁判所の判決では量刑が軽すぎると決議した。最高裁判所は，国会が国政調査権を行使して裁判所の判断に介入することは司法権の独立を侵害するものだとして抗議した。

**ウ** **朝日訴訟**と**プログラム規定説**に関する記述である。朝日訴訟は，生活保護の給付内容が不十分なことから，憲法第25条の規定する「健康で文化的な最低限度の生活」が保障されないとして，1957年に起こされた訴訟である。最高裁は，憲法第25条の生存権は，「すべての国民が健康で文化的な最低限度の生活を営み得るように国政を運営すべきことを国の責務として宣言したにとどまり，直接個々の国民に対して具体的権利を賦与したものではない」とするプログラム規定説に立つことを明確にした。なお，これと反対の考え方に法的権利説がある。憲法第25条は個人に対して具体的な権利を定めたものであるとする考え方である。

エ **砂川事件**に関する記述である。砂川事件は，1957年，東京都砂川市（現立川市）のアメリカ軍基地の拡張に反対する市民が基地の敷地に侵入したとして起訴された事件である。被告人側は，日米安全保障条約と駐留アメリカ軍は憲法違反であると主張し，第一審はアメリカ軍の駐留を違憲と判断したが，最高裁では被告人の有罪が確定するとともに，日米安全保障条約とアメリカ軍の駐留は高度な政治性を有するため，司法判断の範囲外であるとした（**統治行為論**）。

よって，② がこの設問の正解となる。

問2 [ 2 ] 正解は⑤

ア **取り調べの可視化**に関する記述である。密室となる取調室において，自白の強要などが行われていないかどうかをチェックする制度であり，2016年の刑事訴訟法改正（2019年施行）によって，裁判員裁判対象事件など一部の事件について取り調べの全過程の録画が義務づけられた。しかし，可視化の対象となっているのが一部の事件にとどまるなどの問題点が指摘されている。

イ Bの**検察審査会制度**に関する記述である。2009年の裁判員制度の導入とともに，検察審査会制度の強化が図られた。検察審査会は，有権者から無作為に選ばれた11名が，検察官が決定した不起訴相当の判断について妥当かどうかを判断する組織である。2009年に改正された検察審査会法では，起訴議決に法的拘束力が与えられた。検察審査会が一つの事件につき二度にわたって起訴相当の判断（起訴議決）を行った場合には**強制起訴**となる。

ウ Cの**公判前整理手続**に関する記述である。従来，日本においては裁判の長期化が問題となっていた。第一審をできるだけ2年以内に終わらせることを目指し，2003年に裁判迅速化法が制定された。

エ Aの**裁判外紛争解決手続（ADR）法**に関する記述である。裁判外紛争解決手続（ADR）とは，民事上のトラブルについて，裁判によらず，中立な第三者を介し解決を図るしくみである。裁判所の民事調停などの司法型，国民生活センターなどの行政機関が行う行政型，弁護士や消費者団体などが行う民間型に大別され，それぞれ助言を行う斡旋，当事者間の合意を促す調停，あらかじめ第三者の判断に従うことに合意する仲裁などの方法で問題解決を図る。2004 年には，裁判外紛争解決手続（ADR）法が制定され，裁判によらない紛争の解決が推進されている。

よって，**エ**が**A**，**イ**が**B**と対応するので，⑤がこの設問の正解となる。

**問 3** [ 3 ] 正解は ①

① 正文。**仏教**は，人間が持っている生老病死などの多くの苦しみの原因となる**煩悩**(ぼんのう)を滅し，平安な悟りの境地である**涅槃寂静**(ねはんじゃくじょう)に達することを理想とした。そして，煩悩を滅するには，あらゆるものは互いに依存し合って生起しており，それ自体で孤立して存在するものはないという**縁起**(えんぎ)の法を悟ることが必要であるとした。

② 誤文。日本の**八百万神**(やおよろずのかみ)への信仰が，仏教や儒教のような外来思想の影響を受け，**神道**(しんとう)として体系化された。なお，神道という語が文献で見られるのは『日本書紀』が初めてである。

③ 誤文。キリスト教では，すべての人間を等しく愛する**神の愛**（**アガペー**）を信じて神を愛することや，親や年長者に限定されない普遍的な**隣人愛**を実践すべきであると説かれた。

④ 誤文。儒教ではなく，道家(どうか)の**老子**(ろうし)（生没年不詳。春秋時代の人物といわれる）に関する記述である。老子は，儒教で説かれる仁や義などの徳の道は天地自然の道が廃れたための作為であると否定し，作為をせず，あるがままに生きるべき（**無為自然**）と主張した。

整理▷**おもな宗教の特色**

| 宗教 | 仏教 | キリスト教 | イスラーム（イスラーム教） |
|---|---|---|---|
| 創始者 | ブッダ（仏陀，ゴータマ＝ブッダ） | イエス | ムハンマド |
| 時期 | 前5～前4世紀頃（諸説あり） | 1世紀初め | 7世紀前半 |
| 経典 | 仏典（『般若経（はんにゃきょう）』など多様な経典） | 『旧約聖書』『新約聖書』 | 『クルアーン（コーラン）』など |
| 教義 特色 その他 | ・カースト制を否定。<br>・四諦（したい）（四つの真理）の理解と八正道（はっしょうどう）の実践による苦からの解脱。<br>・縁起説：すべての事象は相互に依存し合って生成変化しているという考え。<br>・慈悲（じひ）：すべてに幸福を与え，憐れみの心を持つこと。<br>※日本には6世紀に大乗（だいじょう）仏教が伝わった。 | ・イエスは愛を説いた救世主（キリスト）。<br>・神の愛：完全な神から人間に注がれる無条件の愛。<br>・隣人愛：敵を含めてすべての人を隣人として愛すこと。<br>※イエスは，ユダヤ教の外面的，形式的な律法（モーセの十戒（じっかい）など，ユダヤ教徒が守るべき戒律）主義を批判し，心から律法（神）に忠実であることを説き，律法の内面化を図った。 | ・唯一神アッラーへの絶対的帰依（きえ）を説く。<br>・偶像崇拝の禁止。<br>・六信五行（ろくしんごぎょう）（六信（ムスリムの信じるべきもの）：神，天使，聖典，預言者，来世，天命／五行（ムスリムが実践すべきこと）：信仰告白，礼拝，喜捨（きしゃ），断食，巡礼）<br>※ムハンマドは最大にして最後の預言者。イエスも預言者の一人に数えられる。 |

**問4** 4 正解は②

第76条② ― ア　裁判員制度による判決に対しては，高等裁判所への控訴および最高裁判所への上告が認められていると述べている。よって，ここで最高裁判所は，**裁判員制度による裁判が，最高裁判所と下級裁判所からなる通常裁判所の系列とは別に設置され，特別な身分の人や事件について裁判を行う特別裁判所（憲法第76条2項）に当たるかどうか**の判断を示している。

第76条③ ― ウ　裁判官が自らの意見と異なる結論に従わなければならない場合があるとしても，それは憲法に適合する法律に拘束される結果であると述べている。よって，ここで最高裁判所は，**職業的良心に従い，憲法及び法律以外の何もの**

**にも拘束されずに公正な裁判をするよう裁判官に命じる規定（裁判官の独立）（憲法第76条3項）に反するかどうか**の判断を示している。

第80条① ― イ　憲法からは，下級裁判所について，国民の司法参加を禁じているとは読み取れないと述べている。よって，ここで最高裁判所は，**国民が裁判員として裁判に参加することが，下級裁判所の裁判官が内閣により任命されるという規定（憲法第80条1項）に反するかどうか**の判断を示している。

よって，②がこの設問の正解となる。

整理▷**裁判員制度による裁判の流れ**

**被疑者を起訴**

↓

**公判前整理手続**

裁判官・検察官・弁護人が話し合い，公判での争点を明確にしたり，証拠を厳選したりして，審理の計画を立てる。

**裁判員の選任**

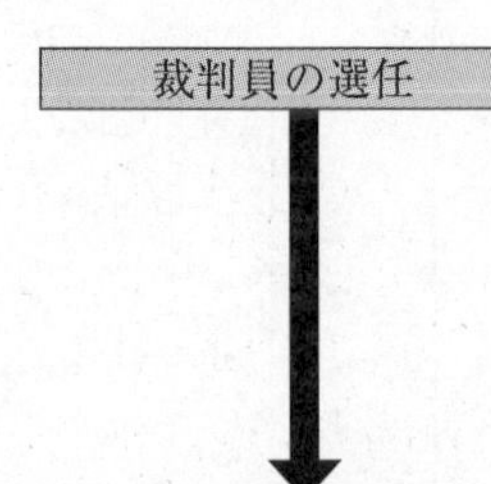

**公判**

検察官と弁護人が法廷でそれぞれの主張を述べる。裁判官（3人）と裁判員（6人）は双方の主張を聞き，必要があれば質問をする。

※裁判官と裁判員の人数は原則。

**評議**

裁判官と裁判員は評議室で評議し，有罪か無罪かだけでなく，有罪の場合どのような刑にするかを決める。意見が一致しない場合は多数決となるが，被告人に不利な判断をするには，裁判官一人以上が多数意見に賛成していることが必要である。

**判決**

裁判官と裁判員は法廷に戻り，裁判官が被告人に判決を言い渡す。判決の言い渡しにより，裁判員の仕事は終了するが，評議の内容などの守秘義務が課される。

# □第2問【第二次世界大戦後の国際政治】



## ねらい

第二次世界大戦後の国際政治について，近年話題となることの多い「人新世」をテーマに幅広く出題した。問1の年表問題は，出来事が起こった年号を正確に覚える必要はないが，年代は覚えておかなければならない。また，問題のつくりがやや複雑で選択肢の情報量も多いため，何を問われているのかをまずは理解しよう。問2では，倫理分野から資料問題を出題した。選択肢と資料を比較し，正解を絞り込もう。国際法について扱った問3では，すべての選択肢をていねいに読み，その正誤と，記号との結びつけを確実に行う必要がある。問4は，問題文をよく読み，正解につながる手がかりを得たい。

## 解説

**問1** 5 正解は①

①は正しい。(a)のドッジ＝ラインの実施は**1949**年，(i)のマーシャル＝プランの発表は**1947**年，(ii)のワルシャワ条約機構の創設は**1955**年なので，(a)は，(i)と(ii)の間に入る。**ドッジ＝ライン**は，当時日本で進行していた激しいインフレーションを止めるために実施された政策。GHQ（連合国軍総司令部）の経済顧問として銀行家のドッジ（1890～1964）が来日し，インフレーションを抑えるために**超均衡予算や単一為替レート**の設定などを実施した。ドッジ＝ラインによりインフレーションは収束したが，日本経済は深刻な不況に陥った。**マーシャル＝プラン**は，ヨーロッパへの共産主義の伸張を阻止するためにアメリカが発表した，ヨーロッパの経済復興援助計画。計画には西欧諸国だけでなくソ連や東欧諸国も含めていたが，ソ連の強い反発の下，東欧諸国は計画を拒否した。西欧諸国は計画を受け入れた。**ワルシャワ条約機構**は東側陣営の軍事同盟。西側陣営の軍事同盟の**NATO（北大西洋条約機構**）に対抗する組織であったが，冷戦終結後の1991年に解散した。

②は誤り。(b)のソ連の**アフガニスタン侵攻**は**1979**年，(ii)のワルシャワ条約機構の創設は**1955**年，(iii)の第1回サミットの開催は**1975**年なので，(b)は(ii)と(iii)の間に入らない。アフガニスタンでは1973年，ソ連寄りの政府が成立したが，政情は安定しなかった。そこで1979年，ソ連は親ソ派勢力を支援するため，アフガニスタンの首都カブールを制圧し，親ソ派の政権を新たに樹立した。これに対しアメリカが強く反発したため，新冷戦の始まりといわれた。**先進国首脳会議（サミット）**は，石油危機以後の世界経済の安定と発展を目的として，1975年にフランスの大統領の

提唱により先進6カ国の間で始まった。

③は誤り。(c)の湾岸戦争は**1991**年, (iii)の第1回サミットの開催は**1975**年, (iv)のベルリンの壁の崩壊は**1989**年なので, (c)は(iii)と(iv)の間に入らない。1991年の多国籍軍とイラク軍の戦いを**湾岸戦争**という。1980～88年まで続いたイラン・イラク戦争はイラク経済を極度に悪化させた。そのため, イラクは 1990年, 経済的に豊かな隣国のクウェートに侵攻して併合を宣言した。これを見たアメリカは国連安全保障理事会の決議にもとづき, 多国籍軍を組織し, 1991年にイラク軍を攻撃した。イラク軍は敗れ, クウェートから撤退した。**ベルリンの壁**は1961年, 西ドイツへ亡命・脱出する人々の多さに悩む東ドイツが建設した。この壁により, 西ドイツと東ドイツの往来は閉ざされた。その後, 1980年代後半, ソ連で**ゴルバチョフ**書記長（1931～2022, 在任1985～91）が**ペレストロイカ**と呼ばれる改革を進めると, 東ドイツでも改革（民主化）を求める動きが強まり, 東ドイツ政府はそれを抑えきれず, 1989年に**ベルリンの壁は崩壊した**。

④は誤り。(d)の国連貿易開発会議（UNCTAD）の第1回総会の開催は**1964**年なので, (ii)と(iii)の間に入る。UNCTADの第1回総会では, 事務局長のプレビッシュ（1901～86）が報告書の中で, 特恵関税制度（先進国が発展途上国からの輸入品の関税を撤廃または軽減する優遇措置）の導入, GNP（国民総生産）比1%の援助目標の設定, 一次産品の価格安定などを要求した。

整理▷**傾斜生産方式からドッジ＝ラインへ**

第二次世界大戦で崩壊した生産基盤を立て直すために，1946 年，日本政府は限られた資源を石炭・鉄鋼など基幹産業に集中して投入する**傾斜生産方式**を採用した。その実施に必要な資金は，1947 年設立の復興金融金庫が債券を発行して供給した。しかし，この債券を日本銀行が引き受けたため，通貨供給に歯止めがかからなくなり，日本経済は**激しいインフレーション**となった。1948 年になると，アメリカは冷戦の激化を背景に，日本経済の復興と自立を強く望むようになり，GHQ を通じて日本政府に**経済安定九原則**を指令した。1949 年には，インフレーションを抑えるために超均衡予算や単一為替レートの設定などを軸とする**ドッジ＝ライン**が実施された。このため，インフレーションは収束したが，深刻な不況に陥った。

次のグラフを見ると，復興金融金庫が設立され，傾斜生産方式が開始された 1947 年初頭以降，日本銀行券発行高と消費者物価指数は大きく上昇しており，インフレーションが激化したことがわかる。一方，ドッジ＝ラインが開始された 1949 年はそれらのいずれも落ち着いて推移している。

1946 ～ 1950 年の日本銀行券発行高（左軸）と消費者物価指数（右軸）の推移

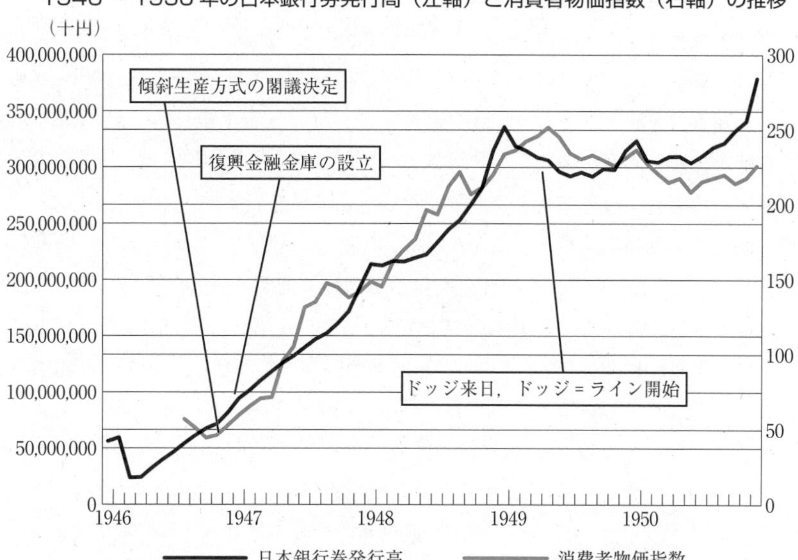


(注) 消費者物価指数は，1934 ～ 1936 年を 1 としたもの。

大蔵省財政史室編『昭和財政史 - 終戦から講和まで』(財務省財務総合政策研究所 Web ページ) により作成。

**問2** 6 正解は ④

**ア** 文明化は自国独立のための手段であると主張しているので，**福沢諭吉**（1834～1901）の文章である。『文明論之概略』から引用した。福沢諭吉は，「一身独立して一国独立す」と述べ，日本が近代国家として独立するためには，国民一人ひとりの自立心が肝要であると説いた。**中江兆民**（1847～1901）は，ルソー（1712～78）の『社会契約論』の精神を明治時代の日本に紹介した。中江兆民は，民権には「恩賜的民権」と「恢復的民権」の二つの種類があり，日本の民権は明治政府から与えられた「恩賜的民権」であると指摘したが，これをじっくりと育てれば，ヨーロッパ諸国の市民が勝ち取ってきた「恢復的民権」と同等の民権となるだろうと主張した。

**イ** インドにおける近代文明の受容について述べられているので，**ガンディー**（1869～1948）の文章である。『真の独立への道（ヒンド＝スワラージ）』から引用した。ガンディーは，インドの独立に大きな影響を与えた政治家，宗教家である。生命を愛し，尊重するサティヤーグラハ（真理の把持）とアヒンサー（不殺生）にもとづいた非暴力主義を説いた。**シュヴァイツァー**（1875～1965）は，人間に限らず，あらゆる生命に価値があり尊重すべきであるとして「生命への畏敬」を主張し，当時，未開の地であったアフリカでの医療奉仕活動に専念した。

**ウ** 感覚性の理論を基礎とする知と，現代科学の淵源となった知を並列に並べている。これは，「野生の思考」と西洋の科学的思考に共通する構造を見出した**レヴィ＝ストロース**（1908～2009）の文章である。『野生の思考』から引用した。レヴィ＝ストロースは，南米の調査を通じて，未開社会の「野生の思考」（経験的で具体的な事物にもとづく思考）にも文明社会の西洋の科学的・抽象的思考と同様の論理性があることを明らかにし，そこに価値の優劣はないとして西洋中心主義を批判した。**フーコー**（1926～84）は西欧近代社会の成立過程を研究し，近代社会は学校・軍隊・監獄などの施設や社会的制度の中で形成された社会規範により，人々を監視・統制し，無意識のうちに社会規範に追従する人間を作り上げてきたと論じた。

よって，④がこの設問の正解となる。

**問3** 7 正解は ②

アには，主権国家に関する記述の**A**または**D**が入る。**D**のウェストファリア条約は三十年戦争が終結した1648年に結ばれており，フランス革命後ではないので誤文。よって，**A**が入る。

イには，国際法についての具体的な記述のＢまたはＣが入る。Ｂの内政不干渉の原則は，戦時，平時ともに認められているので誤文。ただし，深刻な人権侵害などを理由とした人道的介入は行われることがある。Ｃの国際慣習法は，長年にわたり国家間で蓄積してきた慣習に法的拘束力を認めたものである。条約などと異なり，国際社会一般に通用する効力があるとされている。

よって，**ア**はＡ，**イ**はＣの組合せが正しく，② がこの設問の正解となる。



**問４** [ 8 ] 正解は ④

実質経済成長率は，名目経済成長率から物価変動の影響を除いたものである。ということは，前年度に比べて物価が上昇した場合には，名目経済成長率から物価上昇分を除いて，実質経済成長率を求めることになる。したがって，**物価が上昇した場合，名目経済成長率は実質経済成長率よりも大きくなる**。選択肢のうち，名目経済成長率が実質経済成長率よりも大きいのは，④ のみであり，この設問の正解となる。

## □第３問【今日の経済活動】

**ねらい**

経済に関して幅広く出題した。問１では，公共財の特徴である非競合性と非排除性を問題文から理解した上で，それぞれのケースについてていねいに検討しよう。問２は，思考力を試す問題だが，先入観なく示された文章に向き合ってほしい。問３は，需給曲線の問題だが，前提となる二人の主張をしっかりと理解しよう。需給曲線がどのようなきっかけでどのように動くのかをマスターしておきたい。会話文の読み取りが試される問４では，価格弾力性について詳しく知らなかったとしても，会話文の中で提示される情報から推測が可能である。

**解説**

問１　[ 9 ]　正解は ③

多くの人が同時に利用できるという**非競合性**と，対価を払わない人を排除できない**非排除性**をあわせ持つ財を**公共財**という。ここでは，「非排除性は満たすが非競合性を満たさない財」について述べているものを特定する。

Y2は，「入場料」とあることから対価を払う必要があり，延々と続く道がたくさんの人で賑わっていることから多くの人が同時に利用できることがわかる。よって，非排除性を満たさず，非競合性を満たす。

Y3もＹ2と同様に，「入場料」とあるので非排除性を満たさないことがわかる。しかし，繁忙期に入場制限がかかると入場できない人がでることから，非競合性を満たさない。

Y4は，「無料で開放」とあることから，対価を払わない人でも利用が可能であり非排除性を満たすが，「抽選が行われる」ことから，限られた人しか利用できず，非競合性を満たさない。

Y5は，**公共財**の例である。「サン・ピエトロ広場は街の一部」であり，「通行人や観光客，出店などで賑わっている」ことから，非排除性を満たし，非競合性も満たす。

よって，Y4が非排除性は満たすが非競合性を満たさない財となるので，③がこの設問の正解となる。

整理▷公共財

| | | 排除性 | |
|---|---|---|---|
| | | 【あり】<br>お金を支払わないと<br>利用できない | 【なし】（非排除性）<br>お金を支払わなくても<br>利用できる |
| 競合性 | 【あり】<br>みんなで利用できない | 食料品や衣服など | 漁業資源，公園の遊具など |
| | 【なし】（非競合性）<br>みんなで利用できる | 民間教育，映画，<br>テーマパークなど | 国防，外交，公園など<br>※公共財 |

**問2** 10 正解は ⑦

実体験を重視する生徒Xに対し，生徒Yはインターネットなどのテクノロジーを活用することで，これまでのように飛行機に乗って海外へ出かけなくてもグローバルな思考を育てることができるはずだと主張している。

**ア**は誤り。生徒Yは，環境への配慮については触れているが，「環境負荷や金銭的，時間的コスト」などを吟味すべきだとしているのであって，「あらゆる行動の是非は環境保全の観点から判断されるべきだ」と主張しているわけではない。

**イ**は誤り。生徒Xの主張である。

**ウ**は正しい。生徒Yは，飛行機による移動が与える環境への負荷に加え，金銭や時間の負担をリスクやコストとして捉えていると読み取れる。「低コストでなおかつ持続可能な行動」は，生徒Yの**主張Ⅰ**にある「地球の資源は有限だという前提で，テクノロジーを活用してローカルな生活の中でグローバルな思考をはぐくむ」に合致する。

よって，**ウ**のみが正しく，**⑦**がこの設問の正解となる。

**問3** [11] 正解は②

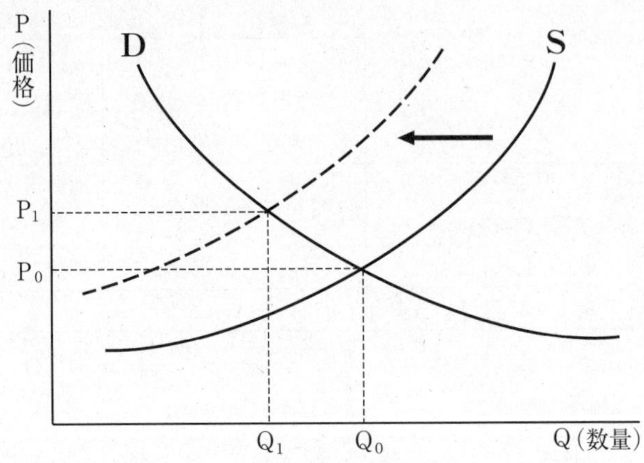


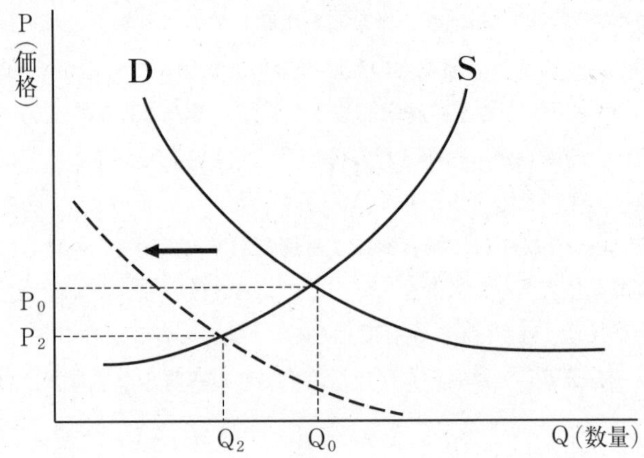


もともとこの財の均衡価格は供給曲線（S）と需要曲線（D）の交差する点であり，$P_0$である。生徒Yの主張する徹底した温暖化対策の義務づけは企業にとってはコスト増となるので，**供給曲線を左側にシフト**させる要因となる。この場合，均衡価格は$P_1$へ上昇し，供給量は$Q_1$へ減少する。一方，生徒Xは，航空運賃のこれ以上の値上がりによって**利用控え**が進むと主張しており，これは**需要曲線を左側へシフト**させることになる。価格は$P_2$へ，数量は$Q_2$へと変化し，経済規模の縮小につながっていく。なお，企業への間接税の課税によって商品の価格が税の分だけ高くなる場合には，供給曲線は上にシフトする。

ア　供給曲線が左側へシフトしている。生産コストの上昇などによって企業は生産量を減少させ，均衡価格は上昇する。

イ　需要曲線が右側へシフトしている。所得の上昇や財の人気が高まることなどによって需要が増加し，均衡価格は上昇する。

ウ　需要曲線が左側へシフトしている。所得の減少や財のブームが去ることなどによって需要が減少し，均衡価格は低下する。

エ　供給曲線が右側へシフトしている。技術革新などにより財を同じ価格で大量に生産できるようになると，企業は供給量を増大させ，均衡価格は低下する。

よって，生徒Yの主張は供給曲線を左側にシフトさせ，生徒Xの主張は需要曲線を左側へシフトさせるので，② がこの設問の正解となる。

**問4**　12　正解は ②

**A**には1,600円が入る。**価格弾力性**とは，価格の変化に応じて需要がどの程度変化するかの度合いである。単価の低い1本160円のジュースに比べ，単価の高い1,600円のジュースでは，たとえ値下げをしたとしても160円のジュースのように需要は増えない。よって，価格弾力性が低いといえる。

**B**には**検索サービス**，**C**には**広告**が入る。価格弾力性のしくみを応用して考える。料金を安くした時に顧客が増えるのは，価格弾力性が高い場合である。直前の生徒Xの発言「広告を出すことの方が，検索サービスなどを利用することよりも価格弾力性が低い」より，広告を出すことは価格弾力性が低く，検索サービスを利用することは価格弾力性が高いことを読み取り，正解を絞る。

**D**には**高い**が入る。ここまでの会話文と，生徒Xの発言「広告を出すことの方が，検索サービスなどを利用することよりも価格弾力性が低い」より，プラットフォーマーが顧客とする利用者と広告主のうち，利用者の価格弾力性の方が高いことがわかる。

よって，② がこの設問の正解となる。

## □第4問【労働環境と労働をめぐる諸問題】

**ねらい**

問1は，問題文をよく読み，登場人物がどのような働き方や企業のあり方を理想としているのかを考えながら，選択肢を絞り込みたい。散布図の読み取り問題となる問2では，選択肢文と図を正確に照合することだけでなく，クオータ制やメンバーシップ型雇用などの言葉の意味を理解しているかが問われている。問3は,労働基本権の法律の中での位置づけがわからないと解くことが難しいだろう。労働基本権が法律のどの考え方によるものなのかを確認しておきたい。問4は，会話文の文脈から選択肢を絞り込んでいく問題である。

**解説**

**問1** 13 正解は⑤

**ア** 終身雇用制や年功序列型賃金の下で,大企業は必要な技能を長期的に習得させて，企業に役立つ人材を育成した。一方，これらの制度は，定年まで安心して働くことができることから，労働者の企業への帰属意識を高めた。したがって，会社からの人材の流出を嫌う生徒Xの考えに近い。

**イ** 既存の大企業では対応困難な市場には，新しく設立された企業が進出しやすい。したがって，起業を支援する女将さんの考えに近い。

**ウ** 会社を夢や目標に挑戦する従業員を支援する場所と捉えるのは，起業を支援する女将さんの考えに近い。

よって生徒Xの考えに近いのは**ア**のみであり，⑤がこの設問の正解となる。

**問2** 14 正解は②

**ア** 正しい。**図1**によると，横軸の一人当たり平均年間総実労働時間の長い国は，縦軸の時間あたり労働生産性が低い傾向にある。グラフは，上に向かって労働生産性が高く，左に向かって労働時間が短くなっていく。一方で，アメリカ，オーストラリア，イタリア，カナダなどでは，日本より労働生産性が高いが，日本よりも労働時間が長くなっている。

**イ** 誤り。**図2**の縦軸の管理職に占める女性の割合は,韓国よりも日本の方が小さい。後半部分は正しい。

**ウ** 正しい。**図2**では,グラフの上に向かって女性管理職の割合が大きく,左に向かってフルタイム労働者の男女間賃金格差が小さくなる傾向が見られる。欧米諸国がグラフの左上に見られるのとは対照的に，東アジアの２カ国は右下に位置している。よって，女性管理職の割合と男女間賃金格差には相関が見られるといえる。**クオータ制**とは，マイノリティとされる人々に一定のポストや枠を設けることで社会進出を促す制度である。国政選挙の候補者の一定数を女性に割り当てるなどの制度を導入している国もある。日本や韓国においては，管理職のポストを一定割合で女性とすることで，自動的に管理職に占める女性の割合が高まると考えられる。**図２**によると，女性管理職の割合が大きい国では，男女間賃金格差が小さいことから，日本や韓国でも同様の傾向に変化する可能性があるといえる。なお，韓国では国政選挙の比例代表で候補者のうち半数以上を女性とするよう法律で定めている。

エ　誤り。**メンバーシップ型雇用**は，年功序列型の賃金や新卒一括採用などを特徴とする，日本で多く見られる雇用形態である。**図１**で日本よりも一人当たりGNIが大きい欧米の国々では，**ジョブ型雇用**が主流である。ジョブ型雇用では，求められるスキルや勤務地，賃金などがあらかじめ決まっており，特定の業務に従事することが特徴である。メンバーシップ型雇用のように一つの企業で長く勤めることや，異動，転勤などを求められることはない。

よって，**アとウ**が正しいので，**②**がこの設問の正解となる。

**問３**　15　正解は③

**ア**は誤り。日本では企業別労働組合が中心だが，アメリカでは**産業別労働組合**が一般的である。

**イ**は誤り。**A**の**労働基準法**第３条で「使用者は，労働者の国籍，信条又は社会的身分を理由として，賃金，労働時間その他の労働条件について，差別的取扱をしてはならない」と定めており，不法就労でないかどうかを問わず**国籍などによる差別を禁じている**。

**ウ**は正しい。**C**は**団結権**，**D**は**団体交渉権**，**E**は**団体行動権**（**争議権**）であり，**B**の**労働組合法**にはこれらの**労働三権**を保障することが規定されている。

よって，**ウのみ**が正しく，**③**がこの設問の正解となる。

整理▷日本国憲法と労働基本権

| 憲法 | | 関連する労働法 |
|---|---|---|
| 第27条 | 勤労権 | ・職業安定法 |
| | | ・雇用保険法など |
| | 勤労条件の基準 | ・労働基準法 |
| | | ・最低賃金法など |
| | 児童酷使の禁止 | ・労働基準法 |
| | | ・児童福祉法 |
| 第28条 | 労働三権 | ・労働組合法 |
| | | ・労働関係調整法 |

| | | 団結権 | 団体交渉権 | 団体行動権(争議権) |
|---|---|---|---|---|
| 民間企業 | | ○ | ○ | ○ |
| 国家公務員 | 自衛官 | × | × | × |
| | 警察・海上保安庁など | × | × | × |
| | 一般職員 | ○ | △ | × |
| 地方公務員 | 警察・消防職員 | × | × | × |
| | 一般職員 | ○ | △ | × |
| | 公営企業職員 | ○ | ○ | × |

○＝権利あり，×＝権利なし，△＝制限あり

**問4** 16 正解は④

A　続く生徒Yの発言に「結局は市場経済が導入されていった」とあることから，**社会主義経済**について述べている**ア**が入ると判断できる。**イ**は，**修正資本主義**に関する記述である。1929年に起きた世界恐慌にともなう景気の大幅な後退に対処するため，アメリカでは，公共事業や福祉政策などを盛り込んだ**ニューディール政策**が実施された。

B　続く生徒Yの発言に「国家的な公共性に対し，市民的な公共性を形成する」とあることから，**エ**の**ハーバーマス**（1929～）による「**生活世界の植民地化**」の考え方が入る。国家的な公共性とは「政治や経済などの制度」だが，これに人々の日常が支配されてしまったため,「人々が対等な立場で自由に議論のできる公共性」すなわち市民的な公共性が必要だとハーバーマスは論じている。ハーバーマスのいう市民的な公共性とは，立場を超えた意見交換による合意形成が可能な社会のあり方のことで，こうしたコミュニケーションによって人間らしい生活を取り戻していくべきだと主張する。**ウ**は，**アーレント**（1906～75）の労働・仕事・活動に関する記述である。アーレントは，人間の行為を労働・仕事・活動の三つに分け，近代では労働・仕事が活動に優先していると指摘した上で，人間にとっては，公共空間を形成するための活動が最も重要であると主張した。

C　続く生徒Yの発言「既存のしくみの中のよりましな方法にとどまってしまう」から，**オ**の**ノージック**（1938～2002）に代表される**リバタリアニズム**（**自由至上主

**義**）を排除できると判断する。「政府による所得の再分配は認められない」とする考え方は，「既存のしくみ」にはない考え方である。よって，「自由な競争によって社会に不平等が生じることは認める」という「既存のしくみ」の範囲内で論じられる**カ**の**ロールズ**（1921 ～ 2002）の**正義の原理**が入る。ロールズもノージックも自由を尊重する自由主義の立場に立つが，ノージックのリバタリアニズムに対し，平等を重視するロールズの立場を**リベラリズム**という。

よって，**A**には**ア**，**B**には**エ**，**C**には**カ**が入るので，④がこの設問の正解となる。

MEMO

# 解答解説 第4回

出演：執行康弘先生



| 問題番号（配点） | 設問 | 解答番号 | 正解 | 配点 | 自己採点① | 自己採点② |
|---|---|---|---|---|---|---|
| 第1問（12） | 問1 | 1 | ① | 3 | | |
| | 問2 | 2 | ② | 3 | | |
| | 問3 | 3 | ③ | 3 | | |
| | 問4 | 4 | ⑨ | 3 | | |
| | 小計（12点） | | | | | |
| 第2問（13） | 問1 | 5 | ③ | 3 | | |
| | 問2 | 6 | ⑥ | 3 | | |
| | 問3 | 7 | ⑥ | 4 | | |
| | 問4 | 8 | ⑨ | 3 | | |
| | 小計（13点） | | | | | |

| 問題番号（配点） | 設問 | 解答番号 | 正解 | 配点 | 自己採点① | 自己採点② |
|---|---|---|---|---|---|---|
| 第3問（12） | 問1 | 9 | ⑥ | 3 | | |
| | 問2 | 10 | ⑤ | 3 | | |
| | 問3 | 11 | ③ | 3 | | |
| | 問4 | 12 | ② | 3 | | |
| | 小計（12点） | | | | | |
| 第4問（13） | 問1 | 13 | ② | 3 | | |
| | 問2 | 14 | ④ | 3 | | |
| | 問3 | 15 | ④ | 4 | | |
| | 問4 | 16 | ⑥ | 3 | | |
| | 小計（13点） | | | | | |
| 合計（50点満点） | | | | | | |

※共通テストで「地理総合，歴史総合，公共」を解答科目にし，「公共」を選択する場合は，試験の定める条件に合わせて大問1～4すべてを解答してください。配点は50点です。

※共通テストで「公共，倫理」または「公共，政治・経済」を解答科目にする場合は，試験の定める条件に合わせて大問1～4から2つを配点が25点になるように選択し，解答してください。

※ただし，なるべく多く演習ができるように，大問1～4すべて解答することをおすすめします。

※ぜひ，同シリーズの『倫理』または『政治・経済』も合わせて演習してください。

解説

# 第4回 実戦問題

## □第1問【生命倫理と社会】

ねらい

2022年に話題となったアメリカの「ロー対ウェイド判決」をめぐる議論を題材に，生命倫理と科学技術の発達や，社会のあり方などについて扱った。問1では，自由をめぐる解釈が人権の発展とともにどのように変化してきたのかを理解しておきたい。問2では，生命倫理に関する基礎的な知識を出題した。QOLとSOLの考え方の主張をつかんでおこう。問3では，社会福祉やインフォームド＝コンセントといった用語の意味が問われている。いずれも基本用語なので，意味も含めて理解しておきたい。問4では，社会保障制度の四つの柱について基本知識を出題した。自分たちも日常的に利用している身近な制度なので，具体的なサービスの内容まで把握しておこう。

解説

問1 [1] 正解は ①

文書Aの**フランス人権宣言**（1789年）は，文書Cの**バージニア権利章典**（1776年6月）やアメリカ独立宣言（1776年7月）の影響を受け，自由・所有権・安全および圧制への抵抗を自然権として宣言したものである。これらの文書は，身分制への反発から，国家に対してそれまで抑圧されてきた自由や平等を求めた一連の市民革命の過程で成立したものであり，「**ii 国家からの自由**」が主張された時代の出来事である。

しかし，「ii 国家からの自由」を受け，自由や平等が形式的に保障されることとなった18～20世紀の社会では，資本主義の台頭とあいまって貧富の差が拡大した。次第に，労働者や社会的弱者は生存の保障や福祉を求めるようになり，「**i 国家による自由**」が要求されるようになった。こうした流れの中で成立した文書Bの**ワイマール憲法**（1919年）は，世界で初めて社会権を明記した歴史文書となった。

よって，文書Bは「i 国家による自由」，文書Cは「ii 国家からの自由」と関連づけられるので，①がこの設問の正解となる。

整理▷社会の変化と人権の発展

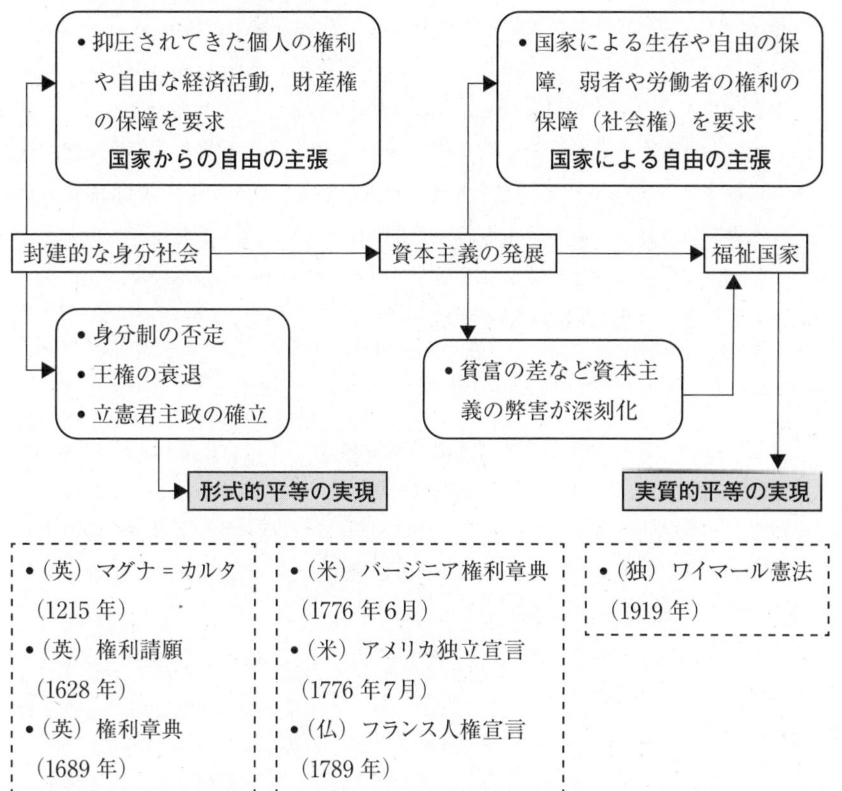


**問２** [ 2 ] 正解は②

A **iPS細胞**が入る。iPS細胞は**人工多能性幹細胞**といい，皮膚などの体細胞を幹細胞に加工したものである。幹細胞とは，臓器などに分化できる能力を持つ細胞のことで，病気やケガなどにより失われた体の一部を再生させる**再生医療**への応用に向け研究が進んでいる。ES細胞（胚性幹細胞）もiPS細胞と同じ幹細胞だが，ES細胞は受精卵から作製されるため，将来的に人間となるはずの受精卵を破壊してしまう点で倫理的問題を抱えている。

B **SOL**（**生命の尊厳**，sanctity of life）が入る。SOLは，生命に絶対的な価値をおく考え方で，臨床の現場では古くからSOLに立脚し，延命治療などの生存を最優先する医療が行われてきた。しかし，近年になり，生命維持装置などを使用した延命治療が必ずしも望ましい生命のあり方ではないとする考え方が広がり，本人の意思で自然な死を迎える尊厳死も選択されるようになってきている。このように，人間の尊厳や本人の意思を重視する考え方を**QOL**（**生命の質**，quality of life）という。QOLの考え方を背景に，末期患者に対する**安楽死**をめぐる議論も行われているが，日本を含む多くの国では安楽死を認めていない。なお，リード文で扱ったアメリカ合衆国における人工妊娠中絶をめぐる二つの立場のうち，胎児の生存権を絶対視するプロライフはSOLに，妊婦自身の権利を重視するプロチョイスはQOLに，それぞれ立脚する考え方である。4年に一度行われる大統領選挙でも毎回大きな争点となるテーマであり，近年では世論調査でも両方の立場が拮抗している。

よって，**②**がこの設問の正解となる。

**問3** 3 正解は③

ア　正しい。1993年に制定された**障害者基本法**が2011年に改正され，これにより，日本では手話が法律上の言語として認められた。

イ　誤り。インフォームド＝コンセントではなく，**ユニバーサルデザイン**の説明である。**インフォームド＝コンセント**は，自分の病気について医師から十分な説明を受け，納得した上で治療方針を決定することである。

ウ　正しい。**SDGs**（**持続可能な開発目標**）には，17の大きな目標の中の8番目「働きがいも経済成長も」の中に，ターゲット（目標）の一つとして，2030年までに若者や障がい者を含むすべての男性および女性の，完全かつ生産的な雇用および働きがいのある人間らしい仕事，ならびに同一労働同一賃金を達成することが掲げられている。

よって，**③**がこの設問の正解となる。

**問4** 4 正解は⑨

**ア**には**社会保険**が入る。被保険者とその家族を対象に，疾病や失業など，生活に困難をもたらす様々な事故に対し給付を行う制度で，強制加入の保険制度であり，**医療保険・年金保険・雇用保険・労働者災害補償保険・介護保険**の五つの保険がある。

**イ**には**社会福祉**が入る。社会福祉は法制上，社会福祉法，障害者総合支援法や生活保護法・児童福祉法・老人福祉法・母子及び父子並びに寡婦福祉法・身体障害者福祉法・知的障害者福祉法の福祉六法をその範囲とする。

**ウ**には**公的扶助**が入る。日本では，生活保護法が公的扶助の制度の枠組みを定めており，生活・医療・教育・住宅・出産・生業・葬祭・介護の８種類の扶助を規定している。

**エ**には**公衆衛生**が入る。感染症の予防や衛生教育などを行い，人々の健康増進を図ることを目的としており，地方公共団体に設置された保健所などの機関が活動を行っている。

よって，⑨がこの設問の正解となる。

整理▷社会保険制度～「もしも……」の時に備える防貧制度

| | |
|---|---|
| 仕事外の病気やケガなど | ▶医療保険 |
| 老齢や障がいなど | ▶年金保険 |
| 失業など | ▶雇用保険 |
| 仕事中の病気やケガなど | ▶労働者災害補償保険（労災保険） |
| 介護サービスの提供 | ▶介護保険 |

## □第2問【まちづくり】

**ねらい**

まちづくりをテーマに，地方自治や意思決定のあり方，資料の読み取り，防衛機制など幅広く出題した。地方自治について扱った問1では，地方自治の単元に出てくるおもな用語をその内容とともに出題している。やや詳しい知識が必要となる。問2は読解問題だが，議論をしている両者の立場に立っててていねいに読み解いていこう。問3は，A市，B市，C市の表の数値を見て，それぞれの特徴を的確に捉えることで正答に至ることができる。問4では，防衛機制や葛藤について扱った。実際の例と結びつけて理解するよう心がけよう。

**解説**

**問1** 5 正解は③

**ア** 公園の整備は，都市施設の位置，規模，構造などを定める「都市計画の決定」に属する事務である。「都市計画の決定」は，地方公共団体が独自に処理できる事務であり，**自治事務**に分類される。よって，「自治体が独自に処理できる自治事務であり，実現に向けた課題を整理することにします」が入る。自治事務には，ほかに病院・薬局の開設許可や飲食店営業の許可などがある。**法定受託事務**は，本来は国の事務であるが，国民の利便性や事務処理の効率性の点から，法令にもとづいて地方公共団体が実施する事務のことである。戸籍事務や旅券の交付などがある。

**イ** 「国から使途が指定された」とあるので，**国庫支出金**が入る。国庫支出金は，社会保障，公共事業，教育などのために国が地方公共団体に支出する費用のことで，使途があらかじめ指定されている。**地方交付税交付金**は，地方公共団体間の財政格差を是正するため，国が国税の一部を各地方公共団体の財政力に応じて配分するもので，使途は自由である。

**ウ** 条例案は，議会議員だけでなく，**首長も提出することができる**。提出された条例案は，議会で審議・議決され，可決された条例は，公布されることにより効力が発生する。よって，「市長が条例案を議会に提出することはできますが」が入る。地方議会は法律の範囲内において条例を制定・改廃することができる。そして，規制に関して，**法律の基準よりも厳しい基準を定める条例も制定することができる**。このような条例は「上乗せ条例」と呼ばれる。

よって，**ア**が「自治体が独自に処理できる自治事務であり，実現に向けた課題を整理することにします」，**イ**が「国庫支出金」，**ウ**が「市長が条例案を議会に提出することはできますが」となり，③がこの設問の正解となる。

整理▷**地方公共団体の財源**

地方公共団体の財源には，使途が限定されない一般財源と使途が限定される特定財源という分類の仕方のほかに，自らの権限にもとづいて徴収する財源の自主財源と国に依存する財源の依存財源という分類の仕方がある。これらの分類をまとめたのが次の表である。

| | 一般財源 | 特定財源 |
|---|---|---|
| 自主財源 | 地方税 | — |
| 依存財源 | 地方交付税交付金 | 国庫支出金，地方債 |

（注）地方債には，例外的に一般財源に分類されるものもある。

問2 6 正解は⑥

ア 生徒Yは政策が市民からの提案をもとに実現されるべきだと考えており，生徒Xは政策実現の過程で市民の介入があるべきだと考えているので，どちらもトップダウンが好ましいとは読み取れない。むしろ，生徒Yの考え方からはボトムアップが好ましいと思っている様子がうかがえる。冒頭で生徒Yは「政治は政治家や官僚に任せればよい」といっており，一見するとトップダウンを好んでいるように思えるが，考えについて詳細を述べている後半部分では，政治や行政は市民にとって理想的な社会を実現するための道具にすぎないとする発言をしている。なお，トップダウンとは，組織の上層部で意思決定を行い下部がこれを実行する管理の方式で，ボトムアップとは，下部で出された意見を上層部が吸い上げて意思決定していく管理の方式である。

イ 生徒Yは，有権者の責任として市民が民主主義の理念を理解し，為政者に対し民主主義の理念に則った行政を行わせることを前提に考え，生徒Xは，政策が公正に実行されることを監視することが有権者の責任であると考えていると読み取れる。

ウ **オンブズマン制度**（行政監察官制度）とは，公正で適正な行政が行われるよう，第三者機関が行政を監視する制度である。19世紀のスウェーデンで初めて導入された。生徒Yと生徒X双方の考える市民社会と政治のあり方にとって，第三者機関による行政の監視体制が望まれるが，日本では一部の自治体で導入が進んでいるものの**国レベルでは導入されていない**。

よって，イのみが先生の感想として適当であり，⑥がこの設問の正解となる。

**問3** [ 7 ] 正解は⑥

a ― **エ**　出生数は**A**市が515人，**B**市が647人であるから，**A**市は**B**市と比べて出生数が少ない。また，**B**市は転入超過（転出者数よりも転入者数の方が多い）であるのに対し，**A**市は転出超過（転入者数よりも転出者数の方が多い）である。

b ― **イ**「大都市圏に属する場合，その大都市圏の中心地までの距離」の項を見ると，**A**市は 30～40kmであるが，**C**市は大都市圏に属していないので，**A**市は**C**市よりも大都市圏の中心地までの距離が近い。また，転入者数は**A**市が1,958人，**C**市が1,194人であるから，**A**市は**C**市と比べると転入者数が多い。

他の選択肢は空欄**a**にも**b**にも当てはまらない。よって，⑥が正解となる。

**問4** [ 8 ] 正解は⑨

**ア**　複数の欲求のどれを選んだら良いのかを決定できない状況を**葛藤（コンフリクト）**といい，ドイツの心理学者**レヴィン**（1890～1947）は葛藤を三つの型に分類した。選択肢**ア**は，「**A**市に住み続けたい」という希望と，「**B**市に引っ越してもいいのではないか」という，二つの好ましい選択肢からどちらか一つを選択しなくてはならない「**接近－接近**」の葛藤のパターンである。

**イ**　オーストリアの精神医学者**フロイト**（1856～1939）は，欲求が満たされない状態から自我を守るために働く人間の無意識の心の動きを**防衛機制**と呼び，分類した。選択肢**イ**では，大都市でマンションを買ったという先輩の話にあこがれを抱きつつ，自分には手の届かない生活だという現実を「**A**市での暮らしの方が堅実に違いない」と考えて正当化している。よって，**合理化**である。

**ウ**　葛藤のうちの，「**接近－回避**」のパターンである。**A**市に住み近隣の都市部で就職したいという希望があるが，そのために往復4時間の通勤をするのは嫌だと思っている。なお，葛藤にはもう一つ「**回避－回避**」のパターンがあり，複数の好ましくない選択肢の中からいずれかを選ばなくてはならないケースがこれにあたる。

よって，⑨がこの設問の正解となる。

整理▷葛藤（コンフリクト）

【接近－接近型】 ㊞ テレビも見たいし，マンガも読みたいけれど，どちらかしかできない。

【回避－回避型】 ㊞ 勉強するのは嫌だし，テストで悪い点を取るのも嫌だ。

【接近－回避型】 ㊞ 甘いものが食べたい。でも太りたくない。

整理▷適応の分類

欲求不満

**防衛機制**
・抑圧：欲求を抑えつける，忘れようとする
・合理化：もっともらしい理屈で自分を納得させる
・同一視：他人の長所を自分のものとみなし満足する
・投射（投影）：自分の短所を他人のものとみなし批判する
・反動形成：欲求と反対の行動をとる
・逃避：空想の世界に逃げ込む
・退行：発達の前段階に逆戻りする
・代償：実現可能な他の欲求で満足する
・昇華：より価値の高い他のことに打ち込む

**合理的解決**
・問題に合理的に対処すること

**近道反応**
・八つ当たりなどの衝動的な行動

## □第3問【今日の経済活動と契約】

### ねらい

会話文から市場の失敗を読み取る問1では，市場の失敗の様々なパターンを知っておく必要がある。教科書や資料集などで紹介されている実例をおさらいしておこう。問2では，契約の具体例を扱った。契約の成立の条件を確認しておきたい。問3は，和菓子屋が行っている取り組みを示す記述を長文の中から探し出すことができただろうか。試験時間中に同様の長文の問題が出題されても焦らないように，端的に答えを示す記述を探し出すトレーニングをしておこう。問4では，フィンテックや暗号資産など，新しい概念を扱った。ビッグデータやAIといった技術も含め，しくみを理解しておこう。

### 解説

**問1** [9] 正解は⑥

Y1　市場メカニズムが機能している例である。輸入品の価格の高騰や円安は，日本国内の物価を押し上げる効果がある。2022年2月に始まったロシアのウクライナ侵攻によって，国際的なエネルギー価格の上昇が見られた。特に，ロシアから天然ガスの供給を受けているヨーロッパでは電気代の高騰などが見られたが，エネルギー供給の多くを輸入に頼る日本でも電気料金の値上げなどの影響が深刻である。また，円安によって国内価格の上昇が起きている。円安とは円の価値が相対的に下がることであり，同じ量の物資を購入するためにより多くの円が必要になることである。

Y2　市場の失敗のうちの，**情報の非対称性**の例である。情報の非対称性とは，経済主体の間で保有する情報の量や質に差があることをいう。この例では，アパートを所有する大家と物件を探している人では対象物件に対する情報量が違うことから，適正な価格での取引ができなくなっている。家賃が割高で，かつ住民トラブルを抱える物件だという情報が提供されていれば，契約する消費者が減るため家賃の水準が下がり，市場メカニズムが機能することになる。

Y3　市場メカニズムが機能している例である。引っ越しが増える春先には，引っ越し業者の利用が増え，料金も上昇する。

Y4　市場の失敗のうちの，**外部不経済**の例である。外部不経済とは，取引に関係していない経済主体に負の影響を及ぼすことであり，企業活動にともなう公害の発生などがその代表例といえる。会話文の事例では，引っ越し業者の繁忙期には路上に引っ越し業者のトラックが増え，引っ越しとは無関係の近隣住民の交通や環境に悪影響を及ぼしている。

よって，Y2とY4が市場の失敗にあたるので，⑥がこの設問の正解となる。



問2 10 正解は⑤

ア 正しい。原則として，**当事者双方の意思の合致**が，契約成立の条件である。この場合，契約書が作成されなくても，口頭で意思が確認されれば契約は成立する。店頭での商品の売買などがその例である。すべての個人が自らの意思で契約などの私的活動を自由に行うことを，**私的自治の原則**といい，契約を締結するか否か，契約の相手，契約の内容，契約の方式などを当事者どうしの自由な意思で決定するという原則を，**契約自由の原則**という。

イ 誤り。原則として，未成年者は，親権者などの法定代理人の同意を得なければ，**単独で有効な契約を締結することができない**。未成年者が親権者などの同意を得ずに契約を結んだ場合，未成年者本人，あるいはその親権者はその契約を取り消すことができる（**未成年者取消権**）。未成年者は，社会経験が浅く取引や契約の内容について判断する能力が十分でないことから，消費者被害を防止する必要があるからである。民法の改正により，2022年4月に成年年齢が18歳に引き下げられたことから，18歳と19歳の若者も未成年者取消権を行使できなくなった。成年年齢の引き下げに先立ち，2019年には改正消費者契約法が施行され，若者が特に被害に遭いやすい契約について新たな取消権の創設などが行われた。

ウ 誤り。公序良俗とは，公の秩序または善良の風俗のことで，殺人の依頼などはこれに反する。**公序良俗に反する内容の契約は無効である**（民法第90条）。詐欺や脅迫による契約も，無効または取り消しにできる。

よって，⑤がこの設問の正解となる。

**整理▷契約の成立**

消費者が販売店から商品を購入する場合，次の例文中の下線①～③のうち，どの時点で契約が成立するかを見てみよう。

①商品の購入を検討している消費者が，販売店から商品の内容や価格など契約の内容について説明を受けた。②説明を聞いた消費者は，その商品の購入を申し込み，販売店が「承りました」と返事をした。その後，契約書の作成に入り，③消費者が契約書に署名・押印し，販売店に渡した。

契約は原則として，申込と承諾によって成立する。したがって，上の例で契約が成立するのは，②の時点である。契約書はトラブルを避けるために作成されることが多いが，民法では例外を除き作成することを求めていない。

整理▷権利能力，意思能力，行為能力

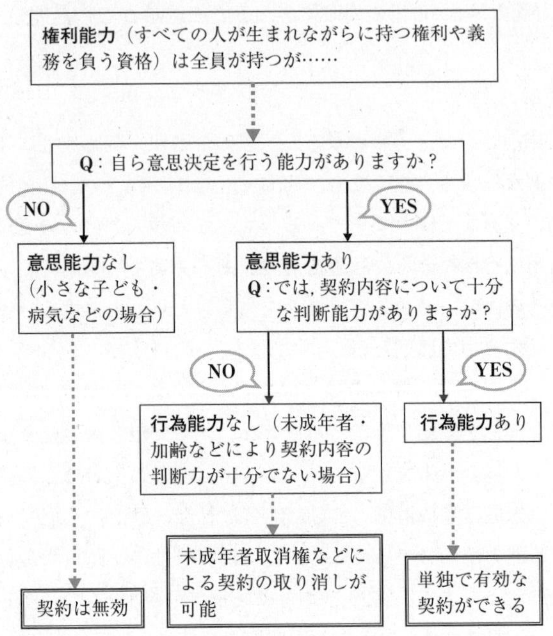


整理▷クレジットカードでの支払い

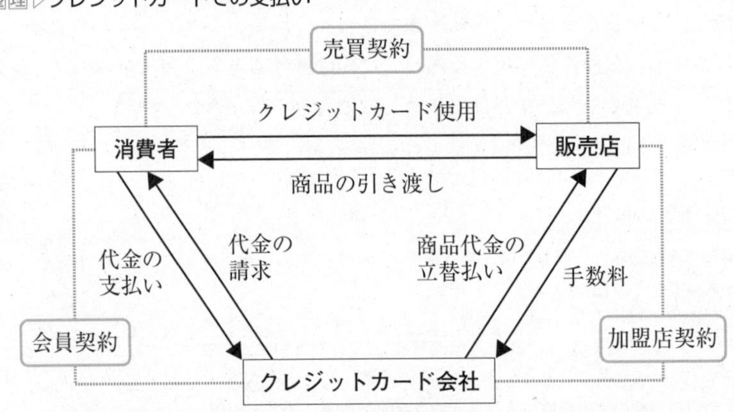


クレジットカードは支払い方法の一つであるが，お金ではない。上の図に示したように，代金は後払いで，カード会社が一時的に代金を立て替えるだけである。2022 年 4 月から成年年齢が 18 歳に引き下げられ，18 歳になると親権者の同意なしでクレジットカードを申し込むことができるようになった。使いすぎないように，計画的に利用する必要がある。

問3 11 正解は③

③は誤り。**国際標準化機構**（**ISO**）は，環境保全対策のための国際統一規格として**14000シリーズ**を定めており，このシリーズの認証を取得する企業が増えている。しかし，問題文にはこのことは出てこない。よって，誤りである。

①は正しい。**地産地消**とは，地元でできた農産物を地元で消費することである。問題文には，店に近い土地に整備した自社農園で無農薬栽培を行い，地元の病院や介護施設に和菓子を販売・提供しているとある。

②は正しい。**メセナ**とは，企業による芸術や文化への支援活動のことである。問題文には，この地域の歴史・文化に関する調査研究を行うNPO法人を設立し，文化事業を行っているとある。

④は正しい。**六次産業化**とは，農業者が農産物の生産から加工・販売までを手がけることである。問題文には，農業部門を担当するために設立，素材の栽培，注文を受けてからの和菓子の生産，小売店兼飲食店というような記述がある。

問4 12 正解は②

**A**には**フィンテック**が入る。フィンテックとは，「ファイナンス（金融）」と「テクノロジー（技術）」を合わせた造語で，情報通信技術（ICT）を利用した新しい金融サービスのことである。スマートフォンを利用した決済などがフィンテックの身近な例である。IoTとは，モノのインターネット（Internet of Things）のことで，従来コンピュータどうしをつなぐ技術だったインターネットが，家電などにもつながるようになり，スマートフォンなどからの遠隔操作が可能になっている。

**B**には**暗号資産**が入る。暗号資産は仮想通貨とも呼ばれ，現在ビットコインをはじめ様々な種類が流通している。従来の通貨は各国政府が発行しているが，暗号資産では発行の主体が存在せず，紙幣や通貨ではなくデジタルデータとして管理されている。交通系ICカードなどに代表される電子マネーは，現金のやり取りによらず決済を行うしくみである。発行主体は交通機関などであり，通貨の価値がデジタルデータとして表されている。

**C**には**ブロックチェーン**が入る。ブロックチェーンとは，暗号資産のしくみを支える技術であり，支払い帳簿を特定の主体ではなく多数の参加者が分散して管理することで，悪意のある改ざんが困難なしくみになっている。AI（Artificial Intelligence）は人工知能のことで，近年ではディープラーニングの技術によって経験から学習することが可能になってきた。フィンテックやIoTなどにより人々の行動がビッグデータとして集積されるが，AIにこれを解析させることで新たなサービスを構築しようとする動きが活発化している。

よって，②がこの設問の正解となる。

整理▷従来の通貨と暗号資産（仮想通貨）の違い

| | 従来の通貨 | 暗号資産 |
|---|---|---|
| 発行主体 | 各国の政府や中央銀行 | なし |
| 実　体 | 紙幣と硬貨 | デジタルデータ |
| 信　用 | 政府 | ブロックチェーンの技術 |

# □第4問【南北問題】

## ねらい

プレビッシュ報告について出題した問1では，発展途上国のどのような問題を背景にどのような要求が行われたのかを理解しておく必要がある。問2は，問題中の図に手がかりが少なく，政府開発援助（ODA）のしくみについての理解が求められる問題である。資料読み取り問題の問3は，資料の各項目が何を表しているのかを見きわめ，選択肢文をていねいに読み，正解を絞り込もう。問4は思想家の主張を具体例に当てはめて考えることができるかが試されている。

## 解説

**問1** 13 正解は②

1964年に，国連貿易開発会議（UNCTAD）の第1回総会で行われた事務局長のプレビッシュ（1901～86）による報告の内容に関する設問である。プレビッシュ報告では，発展途上国の立場から「**援助よりも貿易を**」をスローガンに，GATT（関税及び貿易に関する一般協定）の**自由貿易体制を批判**（A）した。天然資源や農産物などの一次産品が輸出の中心となっている発展途上国では，単一または少数の産品に依存したモノカルチャー経済が問題となっている。報告では，工業製品の輸出に特化している先進国との間で交易条件が不利になると指摘し，これを是正するために**一般特恵関税の導入**（B）を要求した。一般特恵関税とは，先進国が発展途上国から産品を輸入する際，通常よりも税率を特別に低くする（あるいは無税にする）ことである。

保護貿易（①のA）とは国内産業を保護するために輸入制限を行ったり輸入品に高関税をかけたりすることである。地域経済統合（③のA）とは，EUに代表されるように，国境を越えた一定の地域内で自由貿易を行う経済的なまとまりを作ることである。現在，世界貿易機関（WTO）における交渉の難航を背景に，2国間または複数国間での自由貿易協定（FTA）や経済連携協定（EPA）の締結が進んでいる。ブロック経済（④のA）とは，複数の国でブロック（領域）を形成し，その域内では経済交流を促進し，域外に対しては高関税をかけるなどの措置を行う，世界恐慌後の不況に際して形成された排他的な経済圏のことである。第二次世界大戦勃発の原因の一つとなった。

非関税障壁（①・③のB）とは関税以外で貿易を抑制する要素のことである。例えば，日本で運用している国民皆保険制度は，保険商品を売りたい海外の企業にとって非関税障壁となる。

よって，Aには「自由貿易体制を批判」が，Bには「一般特恵関税の導入」が入るので，②がこの設問の正解となる。

**問2** 14 正解は ④

**ア** 二国間援助のうちの贈与には，返済の必要のない無償資金協力と，Bの**青年海外協力隊の派遣や発展途上国の人材育成などの技術協力**が含まれる。

**イ** 二国間援助は贈与とCの**有償資金協力**（**円借款**（えんしゃっかん））に分かれる。有償資金協力とは，発展途上国でのインフラ整備に対し支援国の政府が長期かつ低金利で貸付を行う形の資金協力である。なお，二国間援助は発展途上国に対して**直接援助**を行うもので，**国際協力機構**（JICA）が実施機関として担当している。

**ウ** 多国間援助とは，世界銀行やユニセフ（国連児童基金）などの**国際機関への出資や拠出を通じた援助**のことであり，Aが該当する。

よって，④がこの設問の正解となる。

**問3** 15 正解は ④

**ア** 誤文。前半部分は正しい。しかし，後半部分については，啓発活動の推進が必要だと考えられるのは，フェアトレードという言葉を知らないと答えた割合が最も多い60代（60.7%）の方だといえる。若年層では知名度は78.4%と全年代で最も高い。

**イ** 正文。今回の調査では，フェアトレードという言葉を知らないと答えた人の割合が半数を超えているのは50代（51.3%）と60代（60.7%）である。2015年度調査では，60代のみが知名度46.6%，つまり知らないと答えた割合は53.4%であり，半数を上回っている。また，全国の統計では知名度が54.2%から53.8%へと下がっている。

**ウ** 正文。フェアトレードという言葉を見聞きしたことがあり，内容もよく知っていると答えた割合は，10代で16.2%，20代で9.9%，30代で8.9%，40代で3.4%，50代で2.0%，60代で2.1%となっており，いずれもその他の質問への回答の割合よりも低い。

**エ** 誤文。フェアトレードの知名度が最も高いのは10代（78.4%）である。どのような場面でフェアトレードについて見聞きしているのかを調査することで，啓発活動を行う際の手がかりとなる。

よって，**イとウ**が正しいので，④がこの設問の正解となる。

**問4** 16 正解は⑥

下線部ⓐは，**カントの定言命法**（**R**）と結びつけることができる。カント（1724～1804）の説いた定言命法とは，自分の行動基準が誰にとっても妥当であると思われる場合に，その基準に則って行動せよと命じることである。自分の行動基準に「もし～ならば」と条件がつく場合，この命法は仮言命法となる。下線部ⓐの場合，南北問題という不平等な状況に対して「自分に利益があると思われる場合に」何かしなければならない，と条件がつけば仮言命法となるが，「無条件に」何かしなければならないと思う場合，定言命法となる。

下線部ⓑは，**ヘーゲルの弁証法**（**Q**）と結びつけることができる。弁証法は，ヘーゲル（1770～1831）が歴史や社会の進展の法則として主張したものであり，二つの相対する考え方（正と反）が，よりすぐれた考え方によって新しい段階（合）へとまとめ上げられていき，このような過程を繰り返す中で歴史や社会が発展していくとした。下線部ⓑの場合，現在の社会では，自由な経済活動（正）が南北問題などの格差（反）を内包しているが，この矛盾をフェアトレードというしくみを用いて克服することで，新しい秩序（合）に到達することになる。新しい秩序に到達することを止揚（しよう）という。

下線部ⓒは，**J.S.ミルの質的功利主義**（**P**）と結びつけることができる。功利主義は，経済格差や貧困が広がる19世紀のイギリスにおいて，個人の利益と社会の利益の調和の可能性を探る中で生まれた思想である。功利主義を主張したベンサム（1748～1832）は，多数の人々の犠牲の上に成り立つ少数の富裕な人々の幸福を批判し，社会のより多くの人々が幸福になるべきだとする「最大多数の最大幸福」（量的功利主義）を主張した。これに対してJ.S.ミル（1806～73）は，より質の高い幸福を求め質的功利主義を唱えた。下線部ⓒの場合，貧しい人々からの搾取で成立する自由な経済は質の低い幸福であり，経済活動に関わる人々にメリットの多いしくみで機能する自由な経済を質の高い幸福と捉えている。

よって，⑥がこの設問の正解となる。

# MEMO

MEMO

**東進 共通テスト実戦問題集 公共**

発行日：2024年 6月 30日　初版発行

著者：**執行康弘**
発行者：**永瀬昭幸**
発行所：株式会社ナガセ
〒180-0003 東京都武蔵野市吉祥寺南町 1-29-2
出版事業部（東進ブックス）
TEL：0422-70-7456 ／ FAX：0422-70-7457
URL：http://www.toshin.com/books/（東進WEB書店）
※本書を含む東進ブックスの最新情報は東進WEB書店をご覧ください。

編集担当：倉野英樹

制作協力：上垣結子
編集協力：清水健壮　深澤美貴

デザイン・装丁：東進ブックス編集部
DTP・印刷・製本：シナノ印刷株式会社


ISBN978-4-89085-960-3　C7030

# 合格の秘訣1 全国屈指の実力講師陣

## 東進の実力講師陣 数多くのベストセラー参考書を執筆!!

### 東進ハイスクール・東進衛星予備校では、そうそうたる講師陣が君を熱く指導する！

本気で実力をつけたいと思うなら、やはり根本から理解させてくれる一流講師の授業を受けることが大切です。東進の講師は、日本全国から選りすぐられた大学受験のプロフェッショナル。何万人もの受験生を志望校合格へ導いてきたエキスパート達です。

## 英語

本物の英語力をとことん楽しく！日本の英語教育をリードするMr.4Skills.

安河内 哲也先生
［英語］

100万人を魅了した予備校界のカリスマ。抱腹絶倒の名講義を見逃すな！

今井 宏先生
［英語］

爆笑と感動の世界へようこそ。「スーパー速読法」で難解な長文も速読即解！

渡辺 勝彦先生
［英語］

雑誌『TIME』やベストセラーの翻訳も手掛け、英語界でその名を馳せる実力講師。

宮崎 尊先生
［英語］

いつのまにか英語を得意科目にしてしまう、情熱あふれる絶品授業！

大岩 秀樹先生
［英語］

全世界の上位5%(PassA)に輝く、世界基準のスーパー実力講師！

武藤 一也先生
［英語］

関西の実力講師が、全国の東進生に「わかる」感動を伝授。

慎 一之先生
［英語］

## 数学

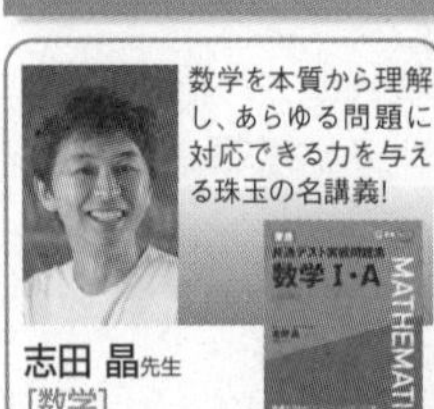

数学を本質から理解し、あらゆる問題に対応できる力を与える珠玉の名講義！

志田 晶先生
［数学］

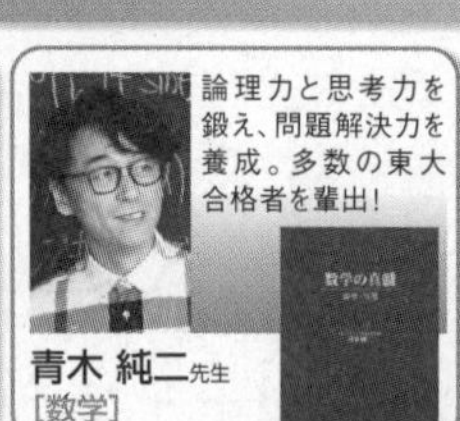

論理力と思考力を鍛え、問題解決力を養成。多数の東大合格者を輩出！

青木 純二先生
［数学］

「ワカル」を「デキル」に変える新しい数学は、君の思考力を刺激し、数学のイメージを覆す！

松田 聡平先生
［数学］

明快かつ緻密な講義が、君の「自立した数学力」を養成する！

寺田 英智先生
［数学］

# WEBで体験

**東進ドットコムで授業を体験できます！**
実力講師陣の詳しい紹介や、各教科の学習アドバイスも読めます。
**www.toshin.com/teacher/**

## 国語

「脱・字面読み」トレーニングで、「読む力」を根本から改革する！

**輿水 淳一**先生
［現代文］

明快な構造板書と豊富な具体例で必ず君を納得させる！「本物」を伝える現代文の新鋭。

**西原 剛**先生
［現代文］

東大・難関大志望者から絶大なる信頼を得る本質の指導を追究。

**栗原 隆**先生
［古文］

ビジュアル解説で古文を簡単明快に解き明かす実力講師。

**富井 健二**先生
［古文］

縦横無尽な知識に裏打ちされた立体的な授業に、グングン引き込まれる！

**三羽 邦美**先生
［古文・漢文］

幅広い教養と明解な具体例を駆使した緩急自在の講義。漢文が身近になる！

**寺師 貴憲**先生
［漢文］

小論文、総合型、学校推薦型選抜のスペシャリストが、君の学問センスを磨き、執筆プロセスを直伝！

**正司 光範**先生
［小論文］

文章で自分を表現できれば、受験も人生も成功できますよ。「笑顔と努力」で合格を！

**石関 直子**先生
［小論文］

## 理科

正しい道具の使い方で、難問が驚くほどシンプルに見えてくる！

**宮内 舞子**先生
［物理］

化学現象を疑い化学全体を見通す"伝説の講義"は東大理三合格者も絶賛。

**鎌田 真彰**先生
［化学］

「なぜ」をとことん追究し「規則性」「法則性」が見えてくる大人気の授業！

**立脇 香奈**先生
［化学］

「いきもの」をこよなく愛する心が君の探究心を引き出す！生物の達人。

**飯田 高明**先生
［生物］

## 地歴公民

歴史の本質に迫る授業と、入試頻出の「表解板書」で圧倒的な信頼を得る！

**金谷 俊一郎**先生
［日本史］

つねに生徒と同じ目線に立って、入試問題に対する的確な思考法を教えてくれる。

**井之上 勇**先生
［日本史］

"受験世界史に荒巻あり"と言われる超実力人気講師！世界史の醍醐味を。

**荒巻 豊志**先生
［世界史］

世界史を「暗記」科目だなんて言わせない。正しく理解すれば必ず伸びることを一緒に体感しよう。

**加藤 和樹**先生
［世界史］

どんな複雑な歴史も難問も、シンプルな解説で本質から徹底理解できる。

**清水 裕子**先生
［世界史］

わかりやすい図解と統計の説明に定評。

**山岡 信幸**先生
［地理］

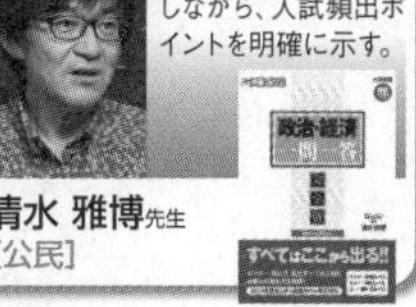

政治と経済のメカニズムを論理的に解明しながら、入試頻出ポイントを明確に示す。

**清水 雅博**先生
［公民］

「今」を知ることは「未来」の扉を開くこと。受験に留まらず、目標を高く、そして強く持て！

**執行 康弘**先生
［公民］

※書籍画像は2024年3月末時点のものです。

合格の秘訣2

# ココが違う 東進の指導

## 01 人にしかできないやる気を引き出す指導

### 夢と志は志望校合格への原動力！

夢・志を育む指導

東進では、将来を考えるイベントを毎月実施しています。夢・志は大学受験のその先を見据える、学習のモチベーションとなります。仲間とワクワクしながら将来の夢・志を考え、さらに志を言葉で表現していく機会を提供します。

### 一人ひとりを大切に君を個別にサポート

担任指導

東進が持つ豊富なデータに基づき君だけの合格設計図をともに考えます。熱誠指導でどんな時でも君のやる気を引き出します。

### 受験は団体戦！仲間と努力を楽しめる

チーム制

東進ではチームミーティングを実施しています。週に1度学習の進捗報告や将来の夢・目標について語り合う場です。一人じゃないから楽しく頑張れます。

#### 現役合格者の声

**東京大学 文科一類**
中村 誠雄くん
東京都 私立 駒場東邦高校卒

林修先生の現代文記述・論述トレーニングは非常に良質で、大いに受講する価値があると感じました。また、担任指導やチームミーティングは心の支えでした。現状を共有でき、話せる相手がいることは、東進ならではで、受験という本来孤独な闘いにおける強みだと思います。

## 02 人間には不可能なことを AI が可能に

### 学力×志望校 一人ひとりに最適な演習をAIが提案！

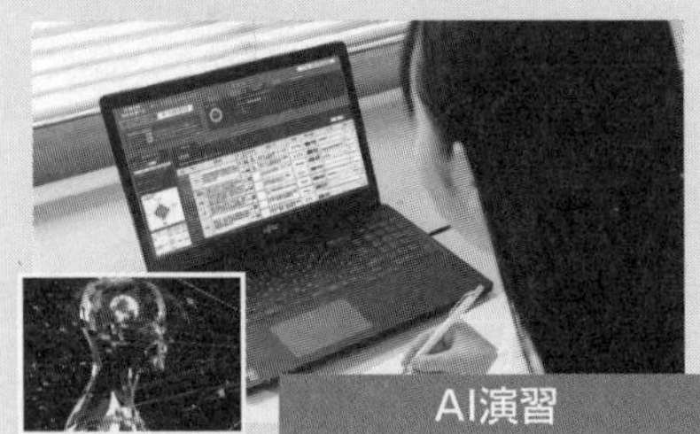

AI演習

東進のAI演習講座は2017年から開講していて、のべ100万人以上の卒業生の、200億題にもおよぶ学習履歴や成績、合否等のビッグデータと、各大学入試を徹底的に分析した結果等の教務情報をもとに年々その精度が上がっています。2024年には全学年にAI演習講座が開講します。

### AI演習講座ラインアップ

**高3生** 苦手克服＆得点力を徹底強化！

「志望校別単元ジャンル演習講座」
「第一志望校対策演習講座」
「最難関4大学特別演習講座」

**高2生** 大学入試の定石を身につける！

「個人別定石問題演習講座」

**高1生** 素早く、深く基礎を理解！

「個人別基礎定着問題演習講座」 2024年夏 新規開講

#### 現役合格者の声

**千葉大学 医学部医学科**
寺嶋 伶旺くん
千葉県立 船橋高校卒

高1の春に入学しました。野球部と両立しながら早くから勉強をする習慣がついていたことは僕が合格した要因の一つです。「志望校別単元ジャンル演習講座」は、AIが僕の苦手を分析して、最適な問題演習セットを提示してくれるため、集中的に弱点を克服することができました。

**東進ハイスクール 在宅受講コースへ**

「遠くて東進の校舎に通えない……」。そんな君も大丈夫！ 在宅受講コースなら自宅のパソコンを使って勉強できます。ご希望の方には、在宅受講コースのパンフレットをお送りいたします。お電話にてご連絡ください。学習・進路相談も随時可能です。 **0120-531-104**

# 03 本当に学力を伸ばすこだわり

## 楽しい！わかりやすい！そんな講師が勢揃い

わかりやすいのは当たり前！おもしろくてやる気の出る授業を約束します。1・5倍速×集中受講の高速学習。そして、12レベルに細分化された授業を組み合わせ、スモールステップで学力を伸ばす君だけのカリキュラムをつくります。

## 英単語1800語を最短1週間で修得！

基礎・基本を短期間で一気に身につける「高速マスター基礎力養成講座」を設置しています。オンラインで楽しく効率よく取り組めます。

## 本番レベル・スピード返却 学力を伸ばす模試

常に本番レベルの厳正実施。合格のために何をすべきか点数でわかります。WEBを活用し、最短中3日の成績表スピード返却を実施しています。

### パーフェクトマスターのしくみ

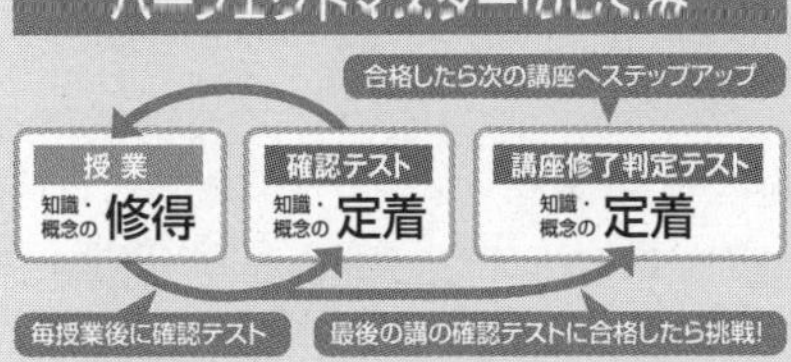


### 現役合格者の声

**早稲田大学 基幹理工学部**
津行 陽奈さん
神奈川県 私立 横浜雙葉高校卒

私が受験において大切だと感じたのは、長期的な積み重ねです。基礎力をつけるために「高速マスター基礎力養成講座」や授業後の「確認テスト」を満点にすること、模試の復習などを積み重ねていくことでどんどん合格に近づき合格することができたと思っています。

---

ついに登場！

君の高校の進度に合わせて学習し、定期テストで高得点を取る！

# 高等学校対応コース

**目指せ！「定期テスト」20点アップ！**
**「先取り」で学校の勉強がよくわかる！**

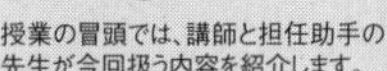

### 楽しく、集中が続く、授業の流れ

**1. 導入**

授業の冒頭では、講師と担任助手の先生が今回扱う内容を紹介します。

**2. 授業**

約15分の授業でポイントをわかりやすく伝えます。要点はテロップでも表示されるので、ポイントがよくわかります。

**3. まとめ**

授業が終わったら、次は確認テスト。その前に、授業のポイントをおさらいします。

合格の秘訣3 **東進模試**

**申込受付中**

※お問い合わせ先は付録7ページをご覧ください。

# 学力を伸ばす模試

## 本番を想定した「厳正実施」
統一実施日の「厳正実施」で、実際の入試と同じレベル・形式・試験範囲の「本番レベル」模試。
相対評価に加え、絶対評価で学力の伸びを具体的な点数で把握できます。

## 12大学のべ42回の「大学別模試」の実施
予備校界随一のラインアップで志望校に特化した"学力の精密検査"として活用できます(同日・直近日体験受験を含む)。

## 単元・ジャンル別の学力分析
対策すべき単元・ジャンルを一覧で明示。学習の優先順位がつけられます。

## 最短中5日で成績表返却
WEBでは最短中3日で成績を確認できます。※マーク型の模試のみ

## 合格指導解説授業
模試受験後に合格指導解説授業を実施。重要ポイントが手に取るようにわかります。

2024年度

## 東進模試 ラインアップ

### 共通テスト対策
- 共通テスト本番レベル模試……全4回
- 全国統一高校生テスト〈全学年統一部門〉〈高2生部門〉〈高1生部門〉……全2回

同日体験受験
- 共通テスト同日体験受験……全1回

### 記述・難関大対策
- 早慶上理・難関国公立大模試……全5回
- 全国有名国公私大模試……全5回
- 医学部82大学判定テスト……全2回

### 基礎学力チェック
- 高校レベル記述模試〈高2〉〈高1〉……全2回
- 大学合格基礎力判定テスト……全4回
- 全国統一中学生テスト〈全学年統一部門〉〈中2生部門〉〈中1生部門〉……全2回
- 中学学力判定テスト〈中2生〉〈中1生〉……全4回

※ 2024年度に実施予定の模試は、今後の状況により変更する場合があります。
最新の情報はホームページでご確認ください。

### 大学別対策
- 東大本番レベル模試……全4回
- 高2東大本番レベル模試……全4回
- 京大本番レベル模試……全4回
- 北大本番レベル模試……全2回
- 東北大本番レベル模試……全2回
- 名大本番レベル模試……全3回
- 阪大本番レベル模試……全3回
- 九大本番レベル模試……全3回
- 東工大本番レベル模試[第1回]
東京科学大本番レベル模試[第2回]……全2回
- 一橋大本番レベル模試……全2回
- 神戸大本番レベル模試……全2回
- 千葉大本番レベル模試……全1回
- 広島大本番レベル模試……全1回

同日体験受験
- 東大入試同日体験受験……全1回
- 東北大入試同日体験受験……全1回
- 名大入試同日体験受験……全1回

直近日体験受験……各1回
- 京大入試 直近日体験受験
- 北大入試 直近日体験受験
- 阪大入試 直近日体験受験
- 九大入試 直近日体験受験
- 東京科学大入試 直近日体験受験
- 一橋大入試 直近日体験受験

# 2024年 東進現役合格実績

# 受験を突破する力は未来を切り拓く力!

## 東大現役合格実績日本一[※1] 6年連続800名超!

現役生のみ! 講習生を含ます!

※1 2023年東大現役合格実績をホームページ・パンフレット・チラシ等で公表している予備校の中で最大（2023年JDnet調べ）。

# 東大834名

文科一類 118名　理科一類 300名
文科二類 115名　理科二類 121名
文科三類 113名　理科三類 42名
学校推薦型選抜 25名

全現役合格者に占める東進生の割合

2024年の東大全体の現役合格者は2,284名。東進の現役合格者は834名。東進生の占有率は36.5%。現役合格者の2.8人に1人が東進生です。

学校推薦型選抜も東進!

## 東大25名

学校推薦型選抜 現役合格者の27.7%が東進生!

推薦入試でも東進生現役占有率 27.7%

| | | | |
|---|---|---|---|
| 法学部 | 4名 | 工学部 | 8名 |
| 経済学部 | 1名 | 理学部 | 4名 |
| 文学部 | 1名 | 薬学部 | 2名 |
| 教育学部 | 1名 | 医学部医学科 | 1名 |
| 教養学部 | 3名 | | |

## 京大493名 昨対+21名

| | | | |
|---|---|---|---|
| 総合人間学部 | 23名 | 医学部人間健康科学科 | 20名 |
| 文学部 | 37名 | 薬学部 | 14名 |
| 教育学部 | 10名 | 工学部 | 161名 |
| 法学部 | 56名 | 農学部 | 43名 |
| 経済学部 | 49名 | 特色入試（上記に含む） | 24名 |
| 理学部 | 52名 | | |
| 医学部医学科 | 28名 | | |

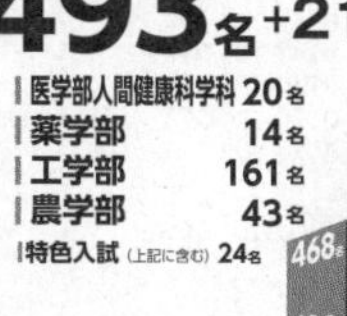

## 早慶5,980名 昨対+239名

早稲田大 3,582名 史上最高!※2
慶應義塾大 2,398名 史上最高!※2

| | | | |
|---|---|---|---|
| 政治経済学部 | 472名 | 法学部 | 290名 |
| 法学部 | 354名 | 経済学部 | 368名 |
| 商学部 | 297名 | 商学部 | 487名 |
| 文化構想学部 | 276名 | 理工学部 | 576名 |
| 理工3学部 | 752名 | 医学部 | 39名 |
| 他 | 1,431名 | 他 | 638名 |

## 医学部医学科 1,800名 昨対+9名

国公立医・医 1,033名 防衛医科大学校を含む
私立医・医 767名 史上最高!※2

## 国公立医・医1,033名 防衛医科大学校を含む

東京大 43名　名古屋大 28名　筑波大 21名　横浜市立大 14名　神戸大 30名
京都大 28名　大阪大 23名　千葉大 25名　浜松医科大 19名　その他 国公立医・医 700名
北海道大 18名　九州大 23名　東京医科歯科大 21名　大阪公立大 12名
東北大 28名

## 私立医・医 767名 昨対+40名 史上最高!※2

自治医科大 32名　慶應義塾大 39名　東京慈恵会医科大 30名　関西医科大 49名　その他 私立医・医 443名
国際医療福祉大 80名　順天堂大 52名　日本医科大 42名

## 旧七帝大+東工大・一橋大・神戸大 4,599名

東京大 834名　東北大 389名　九州大 487名　一橋大 219名
京都大 493名　名古屋大 379名　東京工業大 219名　神戸大 483名
北海道大 450名　大阪大 646名

## 上理明青立法中21,018名

上智大 1,605名　青山学院大 2,154名　法政大 3,833名
東京理科大 2,892名　立教大 2,730名　中央大 2,855名
明治大 4,949名

## 国公立大16,320名

※2 史上最高…東進のこれまでの実績の中で最大。

### 国公立 総合・学校推薦型選抜も東進!

旧七帝大+東工大・一橋大・神戸大 434名

国公立医・医 319名

東京大 25名　大阪大 57名
京都大 24名　九州大 38名
北海道大 24名　東京工業大 30名
東北大 119名　一橋大 10名
名古屋大 65名　神戸大 42名

国公立大学の総合型・学校推薦型選抜の合格実績は、指定校推薦を除く、早稲田塾を含まない東進ハイスクール・東進衛星予備校の現役生のみの合同実績です。

## 関関同立13,491名

関西学院大 3,139名　同志社大 3,099名　立命館大 4,477名
関西大 2,776名

## 日東駒専9,582名

日本大 3,560名　東洋大 3,575名　駒澤大 1,070名　専修大 1,377名

## 産近甲龍6,085名

京都産業大 614名　近畿大 3,686名　甲南大 669名　龍谷大 1,116名

ウェブサイトでもっと詳しく　東進　検索

2024年3月31日締切



各大学の合格実績は、東進ネットワーク（東進ハイスクール、東進衛星予備校、早稲田塾）の現役生のみ、高３時在籍者のみの合同実績です。一人で複数合格した場合は、それぞれの合格者数に計上しています。

## 東進へのお問い合わせ・資料請求は
## 東進ドットコム www.toshin.com
## もしくは下記のフリーコールへ！

# 東進ハイスクール

トーシン　ゴーゴーゴー
**0120-104-555**

### ●東京都

**[中央地区]**

|  |  |
|---|---|
| □ 市ヶ谷校 | 0120-104-205 |
| □ 新宿エルタワー校 | 0120-104-121 |
| * 新宿校大学受験本科 | 0120-104-020 |
| 高田馬場校 | 0120-104-770 |
| □ 人形町校 | 0120-104-075 |

**[城北地区]**

|  |  |
|---|---|
| 赤羽校 | 0120-104-293 |
| 本郷三丁目校 | 0120-104-068 |
| 茗荷谷校 | 0120-738-104 |

**[城東地区]**

|  |  |
|---|---|
| 綾瀬校 | 0120-104-762 |
| 金町校 | 0120-452-104 |
| 亀戸校 | 0120-104-889 |
| □★ 北千住校 | 0120-693-104 |
| 錦糸町校 | 0120-104-249 |
| □ 豊洲校 | 0120-104-282 |
| 西新井校 | 0120-266-104 |
| 西葛西校 | 0120-289-104 |
| 船堀校 | 0120-104-201 |
| 門前仲町校 | 0120-104-016 |

**[城西地区]**

|  |  |
|---|---|
| □ 池袋校 | 0120-104-062 |
| 大泉学園校 | 0120-104-862 |
| 荻窪校 | 0120-687-104 |
| 高円寺校 | 0120-104-627 |
| 石神井校 | 0120-104-159 |
| □ 巣鴨校 | 0120-104-780 |
| 成増校 | 0120-028-104 |
| 練馬校 | 0120-104-643 |

**[城南地区]**

|  |  |
|---|---|
| 大井町校 | 0120-575-104 |
| 蒲田校 | 0120-265-104 |
| 五反田校 | 0120-672-104 |
| 三軒茶屋校 | 0120-104-739 |
| □ 渋谷駅西口校 | 0120-389-104 |
| 下北沢校 | 0120-104-672 |
| □ 自由が丘校 | 0120-964-104 |
| □ 成城学園前駅校 | 0120-104-616 |
| 千歳烏山校 | 0120-104-331 |
| 千歳船橋校 | 0120-104-825 |
| 都立大学駅前校 | 0120-275-104 |
| 中目黒校 | 0120-104-261 |
| □ 二子玉川校 | 0120-104-959 |

**[東京都下]**

|  |  |
|---|---|
| □ 吉祥寺南口校 | 0120-104-775 |
| 国立校 | 0120-104-599 |
| 国分寺校 | 0120-622-104 |
| □ 立川駅北口校 | 0120-104-662 |
| 田無校 | 0120-104-272 |
| □ 調布校 | 0120-104-305 |
| 八王子校 | 0120-896-104 |
| 東久留米校 | 0120-565-104 |
| 府中校 | 0120-104-676 |
| □★ 町田校 | 0120-104-507 |
| 三鷹校 | 0120-104-149 |
| 武蔵小金井校 | 0120-480-104 |
| 武蔵境校 | 0120-104-769 |

### ●神奈川県

|  |  |
|---|---|
| 青葉台校 | 0120-104-947 |
| 厚木校 | 0120-104-716 |
| 川崎校 | 0120-226-104 |
| 湘南台東口校 | 0120-104-706 |
| 新百合ヶ丘校 | 0120-104-182 |
| センター南駅前校 | 0120-104-722 |
| たまプラーザ校 | 0120-104-445 |
| 鶴見校 | 0120-876-104 |
| 登戸校 | 0120-104-157 |
| 平塚校 | 0120-104-742 |
| □ 藤沢校 | 0120-104-549 |
| □ 武蔵小杉校 | 0120-165-104 |
| □★ 横浜校 | 0120-104-473 |

### ●埼玉県

|  |  |
|---|---|
| □ 浦和校 | 0120-104-561 |
| □ 大宮校 | 0120-104-858 |
| 春日部校 | 0120-104-508 |
| 川口校 | 0120-917-104 |
| 川越校 | 0120-104-538 |
| 小手指校 | 0120-104-759 |
| 志木校 | 0120-104-202 |
| せんげん台校 | 0120-104-388 |
| 草加校 | 0120-104-690 |
| 所沢校 | 0120-104-594 |
| □★ 南浦和校 | 0120-104-573 |
| 与野校 | 0120-104-755 |

### ●千葉県

|  |  |
|---|---|
| 我孫子校 | 0120-104-253 |
| 市川駅前校 | 0120-104-381 |
| 稲毛海岸校 | 0120-104-575 |
| □ 海浜幕張校 | 0120-104-926 |
| □★ 柏校 | 0120-104-353 |
| 北習志野校 | 0120-344-104 |
| □ 新浦安校 | 0120-556-104 |
| 新松戸校 | 0120-104-354 |
| 千葉校 | 0120-104-564 |
| □★ 津田沼校 | 0120-104-724 |
| 成田駅前校 | 0120-104-346 |
| 船橋校 | 0120-104-514 |
| 松戸校 | 0120-104-257 |
| 南柏校 | 0120-104-439 |
| 八千代台校 | 0120-104-863 |

### ●茨城県

|  |  |
|---|---|
| つくば校 | 0120-403-104 |
| 取手校 | 0120-104-328 |

### ●静岡県

|  |  |
|---|---|
| ★ 静岡校 | 0120-104-585 |

### ●奈良県

|  |  |
|---|---|
| ★ 奈良校 | 0120-104-597 |

★ は高卒本科（高卒生）設置校
* は高卒生専用校舎
□ は中学部設置校

※変更の可能性があります。
最新情報はウェブサイトで確認できます。

全国約1,000校、10万人の高校生が通う、

# 東進衛星予備校

トーシン　ゴーサイン
**0120-104-531**

近くに東進の校舎がない高校生のための

# 東進ハイスクール 在宅受講コース

ゴーサイン　トーシン
**0120-531-104**

ここでしか見られない受験と教育の最新情報が満載！

# 東進ドットコム

**www.toshin.com**

東進　検索

## 東進TV

東進のYouTube公式チャンネル「東進TV」。日本全国の学生レポーターがお送りする大学・学部紹介は必見！

## 大学入試過去問データベース

君が目指す大学の過去問を素早く検索できる！ 2024年入試の過去問も閲覧可能！

※2024年4月現在